所有的孤單，終會成為勇敢

夏風顏

目次 contents

Part 02 願所有獨自孤單，終會成為勇敢

Part 03 願所有自渡之人，終得時間治癒

Part 04 願
那些抓不住的過往，都成為回憶裡的糖

Part 05
願你在平凡世界裡，活出浪漫詩意

自序

時間過得真快，距離我的上一本散文集出版已經過去了三年。這三年裡，發生了許多事，我的人生經歷了很大的變故，最親的人離開了。

生活很喪，永遠猝不及防，卻要活得向上而有力量。從二十歲的小女孩到三十歲的大女人，時光將我帶入了另一番境地。

記得十年前，我踏上北上的列車，第一次離開家鄉去一個陌生的城市，那裡有我的夢想，有全家的希望和我對未來的迷茫。曾不止一次想，如果當初選擇走另一條路，是不是一切就會不一樣……但時光不能倒退，我們其實別無選擇。

我花了十年時間，努力成為自己想成為的人。夢想成真，事業有成，在喜歡的城市買了房子，去各個國家旅行，過上了別人羨慕的生活。可是，我快樂嗎？或者說，我滿足了嗎？當我的書賣不好的時候，我會沮喪；當工作出問題的時候，我會焦慮；當時間不夠，想去的地方去不了的時候，我會遺憾……然而，這一切都比不過有一個好身體、一份好心情、一個完整的家重要。

在離三十歲越來越近的這幾年，我時常會感到恐懼和彷徨。不知道別人的三十歲是什麼樣的，總覺得還有許多事沒有完成，覺得不夠。是什麼呢？工作中有太多要克服的困難，身體不如從前，青春不再，和家人的關係越來越淡，經常聯繫的朋友越來越少，心事找不到人傾訴，也不想傾訴。所有壓力都是自己一個人扛，每晚失眠，對生活失去熱情，更別提認識新的朋友。最難解決的問題是獨身，這個在別人眼中最難也最急迫的狀況，無從破解，雖然我自己並沒覺得有什麼不妥。

我不需要靠什麼來證明我很好，同樣也不需要被迫承認我不好。

於是我決定放下負擔，安靜地獨身。在自己的房子裡做想做的事，看一晚書或者喝個下午茶。養綠植，給它們澆水，看它們漸漸冒出嫩芽。養一隻叫詩詩的比熊，每天早起帶牠遛彎，講故事給牠聽。盡可能地抽出時間旅行，每年至少去一個國家，不設定行程，隨遇而安。不去在乎別人的看法，他們所定義的幸福不能影響我當下的心情。聽昆曲，參禪，看美景，走更多的路。

就這樣，我的心漸漸變得安定。對事物抱有童心及憐憫之心，清淡飲食，保持輕盈而健康的身體。一邊工作一邊寫書，遇到談得來的朋友，每隔一段時間就會見面、敘舊。人不可能一直活在過去，但也別脫離過去。二十歲有二十歲的美好，三十歲有三十歲的淡然。

人生是一部悲劇，流著淚讀了又讀；人生亦是一部喜劇，流過淚後會再次微笑著讀它。於是，我想寫一本能讓你落淚也能讓你微笑的書，讓你讀了之後有所悟亦有所得的書。

這個寒冷的冬季，北風靜靜地吹。我獨自站在窗前，看著天上的星，許下心中的願。

「願你三冬暖，願你春不寒。願你天黑有燈，下雨有傘。願你餘生有良人相伴。願你所有快樂無須假裝。願你此生盡興，赤誠善良。」

夏風顏
二〇一九年一月一日
於北京

Part ___ 01

願
你周全一生，活得自由赤誠

現在的你和過去的你是一樣的嗎？

很多人問我，到了三十歲是什麼感受。我在十年前曾問過自己，等到三十歲，我會是什麼樣子？換言之，現在的我和過去的我，還是一樣的嗎？

回到家，閑來無事，翻出十歲時的生日錄影。那時候還是VCD、DVD流行的時代，十歲的生日宴被錄下來燒成一張光碟，後來幾次搬家，這張光碟被塞進了一個舊紙箱裡，再也沒有打開過。近二十年後，再次打開它，放入老舊的DVD機，看到模糊的光影，那些歡笑，那些故人，那時童真爛漫的自己……。

我一個人靜靜地看著遙遠而熟悉的一幕幕，淚不覺落了下來。

「今天是我女兒的生日，感謝各位親朋好友的到來……作為父親，我首先祝我女兒生日快樂，希望她快快樂樂、健健康康地長大……我也希望我的女兒將來成為對社會有用的人，好好學習、天天向上……」

父親的祝福和期許猶在耳畔。人群中間那個小小的我，穿著紅裙子，紮著紅頭繩，一身喜慶，被一群親朋包圍著，對著蠟燭許下願望。

已經很多年不過生日了。二十五歲之後，每一年過生日我都會去一個地方，青島、洛陽、婺源、大理……在生日的這一天，待在某個不會被人找到的地方，一個人靜靜地許下願望。有時候是放一盞河燈，有時候是點燃一束焰火，有時候是聽一首歌、喝一杯酒。

坐在大理的小酒吧裡，看著人來人往，熱鬧非常。年輕情侶手拉著手在河邊散步，小孩子互相追逐著打鬧嬉戲，新婚夫婦甜蜜相擁拍攝寫真，老人舉著相機駐足留影。每一個幸福的瞬間，都在我的腦海裡定格，如同十歲的時候，母親捧著生日蛋糕叫我許願，父親在身邊含笑凝視著我……而這樣的時光，真的一去不復返了。

我們越來越喪，越來越迷茫，不知道自己要什麼，也不知道該拒絕什麼。似乎努力得不到認可，付出得不到回報，失去得不到慰藉，受傷得不到療癒。教科書上的東西不可信，那些勵志名言、雞湯語錄全是空話。別人在貪婪，而我，在恐懼。

到了三十歲，越來越慌，越來越覺得現世安穩是不可抵達的一座孤峰。不知是先成家還是先立業，困擾年輕男女的不只是一張證，是星星和大海遙不可及的距離，一個在盡頭，一個在天邊。

可是，我們仍然要明亮而健康地活著，不是嗎？

歲月長無期。我在現世的不安穩中，獨享歲月的靜好。

開始懂得丟棄比積蓄更重要，不在乎賺多少錢，不在乎走過多少路。注重當下，早起晨跑，謝絕應酬。工作、約會再多，也要堅持十點前回家，十二點前睡覺。不再熱衷於無意義的表達，懂得從人群中找到有相同屬性的人，直接而誠懇地給予友愛。

在每一年最重要的節日裡帶著家人去旅行，保持與家族遠親的聯繫；每年都抽空回去祭祖，在供奉祖先的祠堂跪拜反思；去寺院祈福，對世間一切弱小心存憐憫，力所能及地幫助和關愛遇到困難的人；放生、參加公益活動、跑馬拉松……那些在十幾歲、二十歲不感興趣、不曾嘗試的事，都要一件一件地經歷。

生命是走過平原之後翻越一座座高山。然而對一些人而言恰恰相反，生命是翻過高山之後再走過荒原。

有些遺憾　是種圓滿
有些祝福　我對自己說
願你活成最美好的樣子　屬於你的樣子

周迅唱著屬於她的〈樣子〉1。這個年過四十的女演員，依然用她最純真的樣子，演繹世間最動人的故事和最美好的情。《如懿傳》裡的娉婷一笑，《你好，之華》中的淡淡轉身，她說：「我老了，那又怎麼樣？好高興我開始變老了，我希望能得到相應的智慧。我的心一刻也沒有停止感受，我像一枚果子一樣慢慢熟透……」她活成了她的樣子。

時光是在心間吹響的一支長笛，是山野聽風的一片葉子。它很美，讓人無法拒絕被它帶走。我們不再年輕了，不再會像個天真爛漫的小女孩遊戲人間，總喜歡問一句「為什麼」。我們經歷了人生的

起起伏伏，如同一個坐禪入定的老者，體悟生命的解答。

你問我，現在的我和過去的我是一樣的嗎？一樣，也不一樣。如果時光倒流，重來一回，希望回到二十五歲嗎？也許有一剎那，是想的。可閉上眼，那些經歷如雪花碎片般紛至沓來，即便回去再來一次，也會這樣到如今。只是晚幾年，我們還是要面對衰老，還是要推開人生的下一道門。前路未可知，無論風景美不美，是繁花錦繡還是荊棘泥濘，我都想再往前走一走，活成屬於自己的樣子。

1 為2018年岩井俊二導演、陳可辛監製的電影《你好，之華》的主題曲，歌詞由吳青峰所寫。

二十歲的臉，三十歲的心

一個朋友的朋友圈簽名是——三十而立，一杯便倒。

他是明星，有無數粉絲。每次去機場都有一幫粉絲簇擁跟拍，他微笑致意，習以為常。有一次，我跟他一起回國，到機場時，一群粉絲早已舉著手機、相機等候在接機區。他戴著墨鏡，穿著風衣，推著行李車大步流星地往前走。粉絲見到他，迅速圍攏過去，拍照的拍照，獻花的獻花。我遠遠地站著，沒有跟上去，看著前方花團錦簇歡聲笑語，發出一聲歎息。

他現在看似風光無限，卻有著說不出口的落寞。他算是真性情的人，與他所處的圈子格格不入，但也避免不了交際應酬。這大概就是所謂的「人上人」的常態。我與他並不熟絡，只是偶爾發微信聊幾句。

我問他：「你的朋友圈簽名為什麼是『三十而立，一杯便倒』？」

他開玩笑說：「因為我三十歲了，年紀大了，酒量不行了。」

「那是字面的意思嗎？」

他回覆了一個表情，沒有直接回答，卻說起過去。為了成名經常應酬，喝到早晨四五點都是常有的事。那時候年輕，滿身衝勁，喝得酩酊大醉睡一覺就好了。現在不行了，尤其是過了三十歲，明顯感到身體大不如前，喝幾杯就想吐，也無心應酬，基本上跟圈子裡的人不來往了。看書、瑜伽、養生、旅行，過著一個人的「佛系」生活。

他說：「我其實私底下不像個明星，我喜歡簡單安靜的生活。」

即便如此，他亦常對自己有所擔憂，而這種擔憂演變成了輕微的憂鬱症。有一次，他來上海拍廣告，我們約了晚上在酒店見面。那時已是淩晨兩點，我們坐在酒店頂層的天臺上，身邊是幾瓶空了的啤酒罐。

他問我：「你平時喝酒嗎？」

「我不喝酒，我對酒精過敏。」

他點點頭，突然把手中的啤酒罐捏扁，用力擲向虛空。啤酒罐撞到護欄發出「噹啷」一聲脆響，從空中迅速墜落。

我問他：「你不怕一會兒保安過來發現是你幹的啊？」

「偶爾也要任性一下嘛。」他衝我眨眨眼，調皮地說。

雖然過了三十歲，但我感覺他還像個孩子。也許是與身處的圈子一直保持距離，也許是比起工作更注重生活，他的臉上依然留存著少年的稚氣和清爽，眼神裡有不諳世事的天真。

他知道我喜歡張國榮，便問我：「張國榮為什麼跳樓？」

「他得了憂鬱症。」

「我也有憂鬱症，如果我從這裡跳下去，會不會什麼煩惱都沒有了？」

他的表情似笑非笑，我卻感覺他不像是在開玩笑。大半夜叫我過來，自己喝了幾罐啤酒，突然說想跳樓。這時候的他如果被粉絲看到，估計粉絲要嚇得先跳樓。他在人前塑造著完美的偶像形象：生活自律、舉止得體、工作敬業、愛護粉絲、沒有緋聞……可是，他快樂嗎？

他說：「我也不知道自己能紅多久……也許有一天，退出了這個圈子也沒人知道。」

很多外表光鮮、成功富有的人，在別人眼裡是偶像，是榜樣，其實在他們的心裡，也渴望有一個偶像或者榜樣指引他們該走怎樣的路，選擇什麼樣的人生。十幾歲、二十幾歲的時候，尚沒有打開人生的認知，走的路、過的生活是由當下的環境決定的，抑或跟著別人的腳步走，往往身不由己。等到經歷了、覺悟了，卻發現過了三十歲，已經不年輕了。於是該回家的回家，該成家的成家，不能再做青天之下的白日夢了。

人到中年，不再是少年，連喝一杯酒都是奢侈。

十幾歲的時候，喝一箱都不會掛，跟一幫同學通宵K歌，唱著「再不去闖，夢想永遠只會是一個夢想」，滿腔豪情壯志；二十幾歲的時候，為了應酬，萬般無奈，一瓶接一瓶地悶頭乾，卻不痛快；三十歲的時候，有想見見不到的人，有想說說不出的話，對著價格不菲的拉菲[2]，一杯便倒。不是不能喝了，是找不到一起喝的人，喝不出心裡藏著的事。

我看著他，他看著漆黑的夜空，我們許久沒有說話。又過了一會兒，他說不早了，明天還要工作。我們就此告別。

臨走之際，我忍不住問他：「你的朋友圈簽名還是字面的意思嗎？」

「你猜。」見我一時愣住，他呵呵一笑，說，「就是你理解的意思。」

他並不知道我是如何理解這句話的，但彼時的心境是相通的。從二十歲走到三十歲，這條路最不好走，從無知到有知，從懵懂到成熟，一定會吃苦、受教訓、經歷失敗……沒有了二十歲的臉，卻有了三十歲的心。

渴望擁有一張不諳世事的臉和一顆深諳人世的心，這就是所謂的「二十歲的臉，三十歲的心」。我希望在我三十歲的時候，依然有少年氣，一派天真爛漫，飲過人生的痛，卻能笑著說「再來一杯」。我希望在我三十歲的時候，想想過去二十幾歲的日子，不覺得光陰流逝可惜。努力走到了三十歲，有了成年人的淡定和自知，待人有禮，遇事不慌。

我所理解的「二十歲的臉，三十歲的心」，是「二十歲的狀態，三十歲的心態」。

後來我們很久沒有再聯繫，偶爾會從新聞上看到他的消息，新劇開機了、新廣告播出了……他的狀態越來越好，但我知道，那不是真正的他。真正的他，隱藏著心事，人前風光，人後落寞，擔心著哪天突然不紅，退出娛樂圈也沒有人知道。

Rêveri
du Méko
TRATTORIA
BLUSH

直到有一天，朋友圈消失了許久的他發了一個狀態，定位在倫敦——他去留學了。

我問他：「打算待幾年？」

「先待兩年再說吧。」

「這兩年還回來嗎？」

「暫時不回了，我要先活明白了再說。」

「那……你的粉絲呢？」

「哈哈，我的粉絲會理解我的，他們可以來看我啊。」

「如果兩年以後回來，不紅了呢？」我故意揶揄道。

「都三十歲了，還在乎不紅嗎？人不能紅一輩子，想清楚了也就無所謂了。不應該去想不紅了怎麼辦，而應該去想不紅了以後怎麼辦……總得有事做啊。」

「所以你去英國，是為『不紅了以後』做準備的嗎？」

「你猜對了。」他哈哈一笑，亦如少年。

曾幾何時，他是我遇到的少有的三十歲有「二十歲臉」的人，但少了三十歲該有的心態。而今，他想清楚了自己要什麼，捨得放棄，就會有所收穫。他終於活成了三十歲最好的樣子，這才是他原本的自己。

2 ─為法國的一座葡萄酒莊「拉菲．羅斯柴爾德酒莊」（法語：Château Lafite Rothschild），是知名的世界級酒莊，要價不斐。

小姐，你有YSL口紅嗎？

YSL推出了新款口紅，我在新加坡機場候機時，問了一圈都沒有找到。塗著鮮豔唇膏的櫃姐笑眯眯地說：「小姐您放心，如果連我們這裡都沒到貨，那全亞洲就沒有幾家有貨的。」我看著櫃檯上一排排整齊鮮亮、金光閃閃的方管，聽著櫃姐語氣輕柔的介紹，微微地笑了笑。

在一篇公眾號文章裡看過一句話：「如果你買不起CHANEL的包，就買一支YSL的口紅。」同樣是奢侈品，十幾萬的包買不起，一千出頭的口紅買起來卻不費力。看到一些網紅達人在小紅書[3]上秀出幾百支口紅，凡是知名的牌子全都有，有些牌子還有十幾種顏色，不禁在想：一年三百六十五天，就算一天抹一支，能抹得過來嗎？

No Skating
or Biking
in Coachman's Hall
Thankyou

曾和一個化妝師朋友聊天，他問我：「你出門前一定要上的妝是什麼？」

我答：「口紅。」

他說：「答對了。你可以什麼都不抹，甚至連ＢＢ霜都可以不擦，但一定要塗口紅。」

每天即使不化妝，也要塗口紅。隨身攜帶的有兩支，一支淺色，一支深色，用於不同場合，搭配不同裝扮。開會的時候、見客戶的時候、約會的時候，甚至是一個人逛街、看電影的時候，都需要一支讓自己狀態極佳、心情不錯的「武裝利器」。

口紅可以提升一個人的氣質，最重要的是，可以提升人的自信。

我認識的Ａ，每天朝九晚六，擠一個多小時地鐵上班，其間從來不敢穿高跟鞋。週末加班，沒有朋友聚會和異性約會，想看電影就躺在床上用iPad看，午飯、晚飯都是自己帶便當在辦公室解決……吃飯五分鐘，洗澡十分鐘。和大部分在洗手間磨蹭二十分鐘以上的女孩子不同，Ａ進出洗手間不超過三分鐘，如果要排隊，寧可回到座位上憋著。

把自己過得粗糙隨便，從不愁嫁不出去。並不是因為很容易嫁出去，而是根本就沒有考慮嫁人這回事。像Ａ這樣的女孩，不在少數。

我們經常好奇：她怎麼那麼容易就能交到男朋友？她的好身材、好氣質是如何擁有的？她很普通，為什麼老公對她那麼好？她為什麼每個週末都有約會？她為什麼能得到主管的賞識？她為什麼有幸福的家庭？她為什麼有那麼多人追……沒有為什麼，所有的為什麼都只是因為，在你看不見、不在意的地方，她比你用心。

化妝、健身、瑜伽也許很難，但出門前塗一下口紅、下班後來一段夜跑並不會太難。保持好心情，熱愛生活，看看鏡子裡的自己，是美麗了還是老去了，想想今天有沒有比昨天狀態更好或是更糟。逝去的時間回不來，每天改變一點點，那些付出過的辛苦努力，都不會白費。

網路上流行一句話，「做一個精緻的豬豬女孩」。所謂「精緻的豬豬女孩」，是過得舒服，吃得開心，昨天的煩惱今天扔掉，沒有人對我好我就要對自己好。多讀書，少生氣，學會護膚，學會愛惜自己。

你可以不美，但你要健康；

你可以沒有錢，但你要有愛；

你可以普通，但你要拒絕平庸；

你可以淹沒在人海，但你要活得精彩。

最後再問一句，這絕對不是一句廣告台詞——

「小姐，你有ＹＳＬ口紅嗎？」

3—中國知名的網路購物和社交平台。

我不是在等王子，而是在等一個把我當成公主的人

認識Vivian純屬巧合，她比我小十幾歲，是個典型的00後。問她最喜歡的明星是誰，她說是竇靖童。我說，我喜歡她媽媽。她說，那你老了。

和Vivian的對話完全是成人式的，她雖然小，但心理年齡很成熟。她找我聊的一些話題，尺度很大。我說：「你一個小女孩，不該關注這些。」她說：「你別跟我媽一樣，否則我真的把你當媽。你不怕老嗎？」

老，是每個女人尤其是像我們這種即將邁入三字頭的女人最忌諱的字眼，何況我還沒結婚。Vivian說：「你跟我玩，多關注我們關注的話題，喜歡我們喜歡的明星，你就不老了……」

Vivian是我侄子的朋友，他們的友情叫作「海綿兄弟情」，對應「塑膠姐妹花」。他們被稱作「海友」，原因是都喜歡海綿寶寶，生日時他們會互送對方「限量版海綿寶寶」作為生日禮物。還有一個原因是他們都喜歡吃海底撈，每次聚會都在那兒。

我跟Vivian就是在海底撈認識的。她看到我，對我招手道：「姐姐你坐我這兒來。」

我坐到她身邊，糾正道：「按輩分你應該叫我小姨。」

她說：「姐姐跟小姨不都一樣嘛……同齡人我都叫名字的，對長輩才客氣一下。」

Vivian是一個酷女孩，手背上刺了一朵玫瑰，耳朵上打了一排耳洞。我問她：「你不痛嗎？」

她指了指我的耳朵，問：「你不痛嗎？」我無言，那是我青春叛逆時留下的痕跡，但我已經很多年不戴耳釘了。

她說：「跟我講講你的故事吧，我挺好奇的。」

「我沒什麼故事。」

「你沒故事還寫書啊？」她驚得睜大了眼睛。

「你看過我寫的書嗎？」我問道。

「看過啊，我的名字就是看了你的書取的。」我愣了半天，Vivian看到我的樣子樂了，「想不到吧，我原來不叫這個名字，看了你的書才改的。」

「那你原來叫什麼？」

「紅色妖姬。」

這是什麼鬼名字。出於長輩的身份，我忍了沒有說出口，但Vivian看出了我的腹誹：「《王者榮耀》玩過吧？」

「沒有。」我搖搖頭。

「唉，跟你說話困難。」Vivian搖著頭說道，「這是我在《王者榮耀》裡的名字。」

我點點頭，沒玩過，但我知道這個遊戲：「那我侄大人叫什麼？」

「你說勝天半子啊……」

「勝天半子是誰？」

「勝天半子就是你侄大人啊。」我再一次被這段「困難」的對話擊蒙，Vivian說，「你得常回來，沒事玩個《王者榮耀》『吃個雞』，你就跟我們玩到一起了。」

PETNOWA
Antik - Modern

「我為什麼要跟你們玩？我多大你多大啊。」我忍俊不禁。

「可是，」Vivian天真地說，「不管多大，我們都可以做朋友啊。」

不管多大，我們都可以做朋友。於是，我跟Vivian成了特別的朋友。

我叫她「小紅」，她說：「我最討厭別人叫我本名了。」

我奇怪道：「你不是叫紅色妖姬嗎？跟你的本名有什麼關係啊？」

她支支吾吾道：「反正，我就是不喜歡別人叫我『小紅』……」

後來我才知道，她的本名叫「學紅」，大概是覺得名字土，才不願意別人這麼稱呼她。但我還是叫她「小紅」，覺得這樣很親切，像妹妹一樣。時間久了，她也就習慣了。

我跟Vivian在QQ上聊天，她說：「我特別羨慕你小說裡那個叫Vivian的女孩，我之所以改名字，也是希望像她一樣……」我以為她會說出什麼感人肺腑的讚美之詞，結果她說了四個字，「當個明星。」

「你就這麼想當明星啊？」

「想。」她發來一個「花癡」的表情，「當明星多好啊，想有人追就有人追，想甩人就甩人。」

「要是當明星像你說的這麼輕鬆，所有人都去當了。」

她沒有回我。過了一會兒，我見她沒動靜，以為她去打遊戲了。誰知她突然發了一個「震動」：

「姐姐你能發我一個紅包嗎？我今天失戀了……」

她在無錫上補習班，和班裡一個男生談戀愛。他倆分手不是因為要高考，也不是因為老師和家長的阻止，而是因為一杯奶茶。Vivian一直喜歡喝一家奶茶店的玫瑰紅玉奶茶，男生追她的時候每天送她一杯，幾分糖、幾分熱、加什麼不加什麼完全對Vivian的口味，於是Vivian和他在一起了。兩個人談了兩個多月，有一天男生突然不再給Vivian送奶茶了，Vivian問他為什麼不送了，男生說忘了，Vivian說那你現在記得了。可是過了幾天，男生還是忘了，Vivian又問為什麼，男生說路太遠了……Vivian就跟男生分手了。

我說：「就這個原因你跟他分手啊？」

她說：「這很嚴重！姐姐你沒談過戀愛不知道，對男朋友不能太遷就。他今天不記得你喝什麼，明天就會不記得你穿什麼，有一天就不記得你了……」好像說得有道理，她繼續說道，「分手的時候我送他一杯奶茶，就是他一直送我的那個味道。我跟他由一杯奶茶開始，也用一杯奶茶結束。」

「他後來重新追你了嗎？」

「追了啊，但我已經有別人了。」

「也送你奶茶嗎？」我揶揄道。

「送炸雞。」

年輕的孩子談戀愛，仿佛過家家，今天跟你好，明天就跟你不好了，看起來懵懂而天真，任性又可愛。其實他們並非對愛情草率，甚至很多道理比大人看得分明，與其胡思亂想，他們更樂意直接行動，在實踐中檢驗真理。

他們自有對愛情的解讀，無須別人指點。他們不屑糾結，討厭糾纏，喜歡就在一起，不喜歡就分開。比起遷就對方，更願意成全自己。這些看似兒戲的行為背後，有他們自己的一套方法論，畢竟讓自己在愛情中得到舒展和快樂，比什麼都重要。

後來，Vivian又失戀了。我開玩笑道：「是沒送炸雞的原因嗎？」

她說：「不是。我要好好準備高考，現在談的都不靠譜，還是等考上大學再說吧。」小姑娘看來有覺悟了。

「你以後想找一個什麼樣的人呢？」我問她。
「找什麼樣的人我不知道，」她說，「但有一點我很明確。」
「是什麼？」
「我不是在等王子，而是在等一個把我當成公主的人。相信有一天，我會等到的。」

5
911

唯有好姑娘和夢想，不可辜負

我認識的幾個女孩子都很有意思。

G是我的攝影師朋友，她的本職工作是翻譯。攝影是她的愛好，她喜歡拍攝生活中最普通、平常的事物，一個蘋果，一片葉子，或者一個微笑。我們每年都有一次攝影主題的旅行，從平遙到大理，從清邁到京都。

R是我的圖書編輯，一九九二年的姑娘。她有一個很火的公眾號，每篇文章閱讀量都是十萬以上。我曾問她：「為什麼你這麼成功還要做書？」她說：「寫公眾號是我的工作，做書才是我的樂趣。我可以看到不同的人的文字，瞭解文字背後的故事，體會他們的閱歷和情感。」

T是一名頗有名氣的演員，她還擁有自己的彩妝品牌。她的心願不是成為多麼有名的明星，而是將彩妝事業經營好，打造中國女孩最喜歡的本土彩妝品牌。為此她經常到處飛，研究各種香氛和植物元素，帶回來做實驗。

Y是一名服裝設計師，她開了一家流浪貓咖啡館，名字叫「傷心旅館」。她喜歡貓，收養了許多流浪貓，這些貓平時散養在咖啡店裡，和客人互動。如果有客人看上了哪隻，可以免費抱回家養。

這幾年，年輕人中越來越流行一種稱呼，叫作「斜槓青年」，意思是除了本職工作外，還有非常出色的副業。上述的幾個女生都可以稱作「斜槓青年」。

有些人從早忙到晚，卻渾渾噩噩，不知道自己在忙什麼；有些人無所事事，不是打遊戲就是刷抖音；還有些人，他們同時有幾份工作，每份工作都做得非常出色，過得很充實。人和人之間的差距隨著時間的推移、年齡的增長，逐漸顯露出來。總有人抱怨社會的不公平，貶低他人，計較得失，卻不從自身找原因，虛度光陰，浪費社會提供的各種資源。須知，天下沒有免費的午餐。

如果再有人問我，我到這個年紀為什麼還不結婚？我會告訴他，我在這個年紀做了多少事。如果再有人告訴我，你應該少做一些事，多認識一些人。我會告訴他，認識更多的人並不能提升我的生活品質，我應該去做一些讓人生得到快樂和充實的事。

我和G一起去旅行，到過許多地方，一邊遊覽一邊拍照。我們拍路人，拍孩童，拍原野，拍花朵，也拍自己，拍旅途中每一個值得珍藏的畫面。G把這些照片洗出來，做成相冊，見證我們的友誼。等到老了回憶起來，這些都是經年累積的財富。

G一直單身。她說：「單身不代表一種身份，而是一個詞語，用來形容一個人足夠強大，不需要依賴別人，並且很享受生活。」

我和R合作出書，她很認真負責地和我討論每一篇主題、每一句措辭。她請我在她的公眾號上發文章，告訴我如何跟網友互動，比起傾訴，更應該多去傾聽。作家的意義不僅僅是表達自我，而是成為很多人心靈的電臺，代表他們發聲。

R受過情傷。她說：「我特別理解凌晨三點睡不著的人的心情。我不是壞女孩，為什麼沒有人好好愛我？後來我才知道，這個世界上唯有好姑娘和夢想不可辜負。」

T的彩妝出了新品，總會寄一些試用品給我，她的洗臉巾和竹炭卸妝水特別好用。我寫了一篇試用心得發給她，她特別高興，打來電話，開心得像個孩子。她把拍戲賺的錢用來投入研發和運營品牌，每一篇用戶評論她都認真地回覆，她的店鋪銷量日益增高，沒有一個差評。

T努力演戲，卻始終沒有出線。她說：「過去我一直很焦慮，拍了這麼多年戲還是不紅。我開始通過做別的事情緩解焦慮，沒想到一不小心做成了，我覺得這比拍戲更有價值。」

我經常去Y的咖啡店寫作，會有貓咪走過來窩在腳邊眯著眼休憩。咖啡店裡陸陸續續養了十幾隻貓，牠們有的是在大街上撿到的，有的是被人送過來的，還有的是自己走進來的。牠們把這裡當家，把來這裡的客人當作朋友。

Y的服裝店倒閉了。她說：「我經歷過失敗，也經歷過一貧如洗的生活，最難的時候蹲在大街上無處可去。一隻流浪貓走到我身邊，我突然覺得自己很像牠。貓尚且可以好好地活著，人為什麼不能呢？」

我們為了夢想一路打拼，有的在半路迷失了，有的走到終點卻忘了出發的目的。當中有太多的挫折和艱辛，越到後面越體會到堅持和努力的艱難。可是，我們還是要往前走，不停地走，用盡全力。追逐夢想，這個過程超越了實現夢想的意義，它會將你訓練成一個在高空走鋼索，仍會抬頭仰望星空的人。

這一年，我完成了人生中的第一部電視劇，寫完了一本書；這一年，我走完第一百座城市，寄出第一百張明信片；這一年，我入職了一家大公司，管理著一個團隊，進入職場的下一個里程；這一年，我失去了很多，也得到了很多；這一年，我終於走到了三十歲。

謝謝我的三十歲，謝謝這些年經歷的世事。謝謝遇到的人，謝謝他們不屈的理想、不滅的情意。謝謝努力到今天依然有人起立鼓掌，謝謝失敗，謝謝和我一起出發的那一隻包、一本書、一個行李箱……

也謝謝你。

生命要浪費在美好的事情上

日本漫畫家手塚治虫在自傳《我是漫畫家》中寫道：「長大後，一個人應至少擁有兩個希望，堅持兩件事。因各種各樣的條件限制，一件受了挫折，還會有一件留下來。每個人必定會有長大成人的時候，走上社會的時候，進行人生選擇的時候……在那種時候有能夠選擇的事物，真的很幸福。」有一句話是，生命要浪費在美好的事情上。美好之所以可以被「浪費」，大概是因為可以讓我們選擇。

回想青春時代的躁動狂熱：存錢買喜歡的書籍和CD，坐一夜火車只為看某人的一場演唱會，排一夜長隊等粉絲見面會，只為遠遠地看他一眼，但也許什麼都看不到。幾次離家出走，幾次打回原形，幾度自暴自棄，幾度重拾信心。長時間曠課，翻過學校那道不高的圍牆，在初春的草地上靜坐一個下午，僅僅是為了看一眼黃昏的落日。

似乎年輕是當時最能夠揮霍的資本，而我們奔跑其中，不知疲累。即使那時已經站在高中畢業的邊緣，伴隨著無盡的恐慌與迷茫，也能堅持所堅持的，選擇所選擇的，不負初心，不悔當初。

多年後，我已經失去重返校園的可能，把青春埋進墳墓，被迫做了許多自以為重要的人生大事……卻在那時候，無可救藥地愛上了旅行。辭職、離家、浪跡天涯，我絲毫不覺得這是在浪費生命。曾幻想著可以聽到喜歡的孟德爾頌，遐想愛琴海裡溫柔的海浪，在夢裡描繪天空和大海的顏色。地中海不再是遙遠模糊的風景，伴隨著此起彼伏的海浪聲，於每個午夜時分，寫下深情優美的文字，記錄屬於感覺或感情上的領悟和收穫。如此美好。

我們應該在最好的時候，盡情地揮霍自己的生命。

於是，過了二十五歲，我依然決定去遠行，去一無所知的地方，一個雙肩包、一張地圖、一雙腳。我曾無數次幻想，在冰島擁有一間小屋子，可以獨自出去捕魚，亦可以和當地人一起談笑、喝下午茶。隔著北海與西歐大陸暢想伊比利亞風情，在阿爾卑斯山脈下的中世紀莊園裡看遙遠朦朧的巴洛

克和洛可可建築，帶著漂亮的牧羊犬在遼闊美麗的北美洲大草原上奔跑、放羊。

那些青春的畫面，那些埋在記憶深處的場景，觸手可及，偶爾被捧在手心想念。在記憶慢慢累積漫溢之時，在所有的年輕夢想、無聊思緒被附上隱形的翅膀足以起飛之後，堅持，有了它應有的選擇。由心出發，不再是簡單莽撞地離家出走，抑或逃避都市的快節奏生活。無所謂對錯，更無所謂值不值得。

我們走過的路，以及我們要走的路。那些大人們覺得所謂的「浪費」甚至「揮霍」，那些一個人痛定思痛後的「放下」乃至「放棄」，都是因為我們還有選擇，還可以堅持。即使這輩子平平淡淡，但至少快樂自由過。

我想對你說，生命要浪費在美好的事情上。

而在我的心裡，生命中最美好的事情，是找到那個知道你所有的錯誤和缺點，但依然認為你很好很好的人，與他一起，讓內心豐富、充盈，讓時間在有限中得到無限延展，讓彼此的靈魂碰撞出美好的火花。

願你擁有所有善意與溫度

家附近開了一家鈴木食堂，我經常獨自去那裡吃飯。杏仁豆腐和壽喜鍋非常美味，我常常點一份壽喜鍋配米飯，吃完再來一份杏仁豆腐當甜品，便覺得這一天過得愉悅。人的願望有時候非常簡單，吃一頓美味的晚餐，或者度過一個寧靜的下午，就會覺得快樂。

重讀《雙城記》：「那是最好的時代，也是最壞的時代；這是智慧的年代，也是無知的年代；那是信仰的時期，也是懷疑的時期；這是光明的季節，也是黑暗的季節；這是希望的春天，也是絕望的冬天；我們面前什麼都有，我們面前一無所有；我們都在直奔天堂，我們都在直奔相反的方向。」

莫名地，有著相同的感受。這是最好的時代，通信發達，科技水準發展到前所未有的高度，人類的想像無窮無盡，探索太空，星際旅行，研究ＡＩ……這是一場無聲的革命，它的速度和影響力超越任何時代。這亦是最壞的時代，全球變暖，瘟疫頻發，冰川融化，珍稀動物瀕臨滅絕。交通堵塞，物價飛漲，城市正在變成一個個重型垃圾場，沒有新鮮的空氣、空曠的草地，連看一眼太陽都是奢侈。

住在二十四層的高樓，俯瞰灰濛濛的城市。從淩晨到傍晚都是一種色調，沒有陽光，空氣裡浮動著微小塵埃。住在城市裡的人戴著防毒口罩，低頭佝僂著背走路，看不清臉。我已經持續一個星期沒有出門，靠外賣度日。一直在看電影，從《因為愛你》到《丹麥女孩》，從《踏雪尋梅》到《大佛普拉斯》……不大的空間內充斥著靜謐的陰翳，仿佛一個絕症病人的胃。

許久沒有抽菸了，於是點一根，站在陽臺上慢慢地抽。看這座城市被霧霾籠罩，人們像是罐頭裡的魚。腦海裡是另一番景象，在瓦拉納西，坐在恒河邊看日出，金色的陽光灑在河面上，如同流動的星子，男女老少在河邊沐浴，跪伏祝頌，如此虔誠。我們給予自然足夠的愛，它會給予恩賜，反之，它會成為囚禁我們的牢籠。

「一條能夠超越輪迴，去除我們所有污染的道路，確實存在。」

所以一直在走，不停地走。去任何一個地方，都會給自己獨處的時間。在青海，遇到一個僧人，他說：「把你的手給我看看。」於是伸出手，他在我的掌心劃下一道痕，並給了我一串菩提，告訴我睡不著的時候把菩提放在枕邊。

人的恐懼來自自身。經常半夜驚醒，睜著眼睛看著黑沉沉的虛空再也睡不著。於是拿起一旁的書，翻到沒有看完的那頁，上面寫道：「我的愛如火如荼時，夢魘也在體內輾轉不休。夢魘有兩張面孔，白天是我的疾病，夜裡化作我的恐懼。它們都出自我的愛情。愛情沒有錯，是我的妄想有錯。」

那部沒有寫完的小說過去了很多年還是沒有寫完，文檔更新時間定格在二〇一〇年。二〇一〇年八月十五日，故事在這裡戛然而止，它如同一個不曾長大的孩子。這是我離家之前寫的最後一部小說，我把它鎖在電腦裡，之後獨自拉著行李箱走上外出闖蕩的路。

我以為這輩子不會再與寫作沾邊，它是我的妄想。然而到最後，還是走上了這條路，這條能夠超越輪迴滌除所有污染的道路，它不再是我的妄想。在青海的塔爾寺，在西藏的布達拉宮，在瓦拉納西的恒河，一路走、一路看、一路默誦，這是我的結，也是我的道。

那天，和一個行走江湖的盲人聊天。他說：「你的生命力很強，這樣的人勢必要吃很多苦。好在你是一個心性柔軟的人，你的柔軟包裹你的剛強，像水滋養一棵鐵樹，這棵樹越長越高，越長越茂盛，足以遮擋風雨，不被摧毀。」

回來的時候，我收到一個朋友寄來的明信片，上面用黑色的鋼筆寫道：

願你活得徹底，即使靈魂的旅行總是遙不可及。

願你有黑色的眉眼，濾去世間一切塵埃與黑暗。

願時光無瑕，永無病痛。

願你擁有所有善意與溫度。

用一生做對和做好一件事

最近抽時間回了趟家，去了高中母校，看到從前賣煎餅的老奶奶還在學校對面賣煎餅，攤子前排了長長的隊伍。我走過去，跟她打了聲招呼。她抬頭對我笑了笑，然後繼續做煎餅。

高中三年，我每天早上都會到她的攤鋪前買一個煎餅。十幾年了，攤子沒變，她的頭髮卻變白了，臉上的皺紋也多了。她做煎餅做了四十年，在我們學校對面賣煎餅也有二十年了。看著她低頭嫻熟地和麵、打蛋、切蔥、卷餅……我不禁感歎時光飛逝，歲月已矣。

曾經跟一個朋友聊天，說到人生中最難的事，他說，用一生做對和做好一件事，最難。

的確。我曾問過很多人：你們工作是為了什麼？為了賺錢。你們喜歡自己的工作嗎？大多數人不置可否，談不上喜不喜歡，為了生計而已。有穩定工作的人尚且如此，那麼一個擺攤的呢？於是我問了老奶奶同樣的問題。

「您年紀這麼大了，怎麼還工作呢？」

「不做這個不知道幹什麼呀。」

「那您喜歡做煎餅嗎？」

「喜歡呀，」老人家笑呵呵地說道，「我做了一輩子煎餅，這裡的人沒有誰沒吃過我的煎餅。」

「您為什麼不去更熱鬧的地方開個店面呢？」

老人家搖搖頭：「我在這裡挺好的，我喜歡學校，喜歡孩子們，我能為他們做煎餅很開心……他們吃著我的煎餅考上大學，我再做個十年二十年也樂意。」

有人說，難的不是做一件完不成的事，而是用一輩子做一件事，哪怕這件事很簡單。

很多人覺得人生無聊，不過是日復一日重複勞作。那些手藝人，一輩子只做一件事，怎麼雕好一隻木雕，怎麼修好一座鐘錶。就像賣煎餅的老奶奶，她不覺得自己是一個小攤販，而是一個做煎餅的手藝人，她的初衷是讓備考的孩子們吃得開心，做煎餅不只是為了生計，而是她一輩子的事業。

她說：「你看，這些人已經離校十幾年了，回來時還記得來我這裡，吃我做的煎餅。」

他們吃的何止是幾塊錢的煎餅啊！

這久違的、熟悉的味道，不禁讓我們想起年少時每一個奮鬥的清晨。那時天不亮就要上學，餓著肚子跑到學校門口買一個煎餅，咬一口，滿嘴的香。那是記憶中家鄉的味道，是藏在青春裡的小確幸。

我輕輕地咬了一口，還是多年前的味道，一點兒都沒變。和那些站在我旁邊、咬著煎餅的人相視一笑，眼裡有著同樣的意味，我們都是來回味青春、追溯往昔的。老奶奶樂呵呵地看著我們，念道：「你們啊，都是做大事的，可做再大的事，也要填飽肚子呀。」

想起那部風靡一時的紀錄片《我在故宮修文物》。那些在故宮裡工作了幾十年的文物修復師，從十幾歲開始就跟著師傅做學徒，每天在一方狹小的天地，對著一座鐘或一塊木頭，精心打磨雕琢，一做就是一輩子。如果沒有對這份工作的持久熱愛和投入，是難以做到數十年如一日地專注於此的。

有一句話說，每一個專注工作的人，都在靜靜地發光。有些人是單純地喜愛這份工作，有些人是出於職業精神，還有些人是為了理想。但不管出於什麼原因，大家都在付出和收穫的同時，實現了人生的價值。

故宮的文物修復師說：「人在這世上走一趟，都想留點什麼，覺得這樣才有價值。」很多人認為，文物修復工作者是因為把文物修好了才有價值，其實不見得。他們在修文物的過程中，跟文物交流、發現文物背後的故事，這才是他們的價值。

夢想有大有小，工作無關貴賤。職業種類與職位高低，從來不是判定一個人成功與否的標準。如果覺得累了，覺得做一件事沒有動力了，那只能說明你對它喪失了責任和情感。一輩子能做自己喜歡的事是一種幸運，難的是投入到一件不喜歡的事情上面。大多數人一生庸庸碌碌、得過且過，他們未必是做不好，而是沒有做出從心的選擇。

有堅定的目標和意志，自然是好的。如果沒有，就學會適應，適應人生的遊戲規則，適應從正在做的事情裡找到樂趣。人生從來沒有彩排，一旦上場，就只能盡力表演，直到終場。在謝幕之前，用盡全力去完成一個標誌性動作。

那些生命中溫暖而美好的事，都是小事

在豆瓣上看到一個帖子：「陌生人做過什麼事，讓你覺得世界很美好」，答案五花八門，每一件看似微不足道的事情，都讓人感到一陣陣暖意。

網友A說：「趕時間急著過馬路，車太多很久都過不去。路邊的清潔工大叔看到我的窘樣，拿起清掃工具走到馬路中間佯裝掃垃圾擋住車流，然後微笑著示意讓我趁機過去。那是我這輩子都忘不了的感動瞬間。」

網友B說：「過春節全家人都回老家去了，只有我一個人留下來，飯店都關門了，很難找到一家吃飯的地方。走了好久終於找到一家小吃店，店主看我一個人，坐下來陪著我吃，還請我喝了一杯優酪乳，當時感動得稀裡嘩啦的。」

網友C說：「一個人獨自拿著很多行李去學校，從大巴士下來後一直下大雨，我手上東西太多沒辦法撐傘，被淋得濕透。等了很久叫不到車，公車也擠不上去，很狼狽地站在車站不知道怎麼辦才好……有個男生走過來，為我撐了很久的傘，我當時又冷又累，已經傻掉了，但是非常非常感動。」

諸如此類，不勝枚舉。

最近看了太多黑暗壓抑的社會新聞，不禁開始懷疑這個世界。看到用滴滴打車的女孩遇害，從此以後不敢網路叫車；看到疫苗造假，從此以後不敢打疫苗；看到新婚妻子被丈夫殺害，從此以後不敢談戀愛……從什麼時候開始，人與人之間充滿了防備，在地鐵、公車、路邊，更多的是冷漠的低頭族，沒有人願意抬頭看看身邊發生了什麼。親人同事間的交流變得刻板而客套，大家只關心巴掌間的新聞，卻忽略了俯仰間的天地。

越來越多的人開始抱怨。社會矛盾滋生，親緣關係疏離，生活得過且過。覺得再努力這個世界也不會變得更好，還不如把自己關起來，逃避一天是一天，仿佛這樣就不會受到欺騙與傷害。傑克・凱魯亞克（Jack Kerouac）筆下「垮掉的那一代」，似乎又要在我們這代年輕人身上重演。

有沒有那麼一種方式，讓你能夠停下來，抬起頭，看一眼身邊的風景；有沒有那麼一句話，讓你在萬分沮喪的瞬間突然想起，然後被治癒。

在飛機上睡著了，降落的時候旁邊不認識的人幫我調座椅；

上學拎了一大堆東西，不認識的人幫我拎；

手機掉在計程車上，司機打了個電話送回來；

……

看，其實生活中處處可見美好，我們只是缺少發現它的眼睛。

在去富良野看薰衣草的途中，我提著行李箱爬樓梯趕火車。因為行李箱太重了，最後幾級臺階實在邁不過去。列車員吹起了口哨，示意再不飛奔過去列車就要開走了。這時，一個白髮蒼蒼的工作人員跑過來，二話不說拎著我的行李箱就往列車門的方向跑，邊跑邊不忘囑咐我走路小心點。當我終於氣喘吁吁地跑上車時，他站在外面衝我微笑揮手。那時候我覺得，即使看不到薰衣草，也不枉此行。

那一年在馬德里，去洗手間回來的時候發現巴士開走了，背包行李都落在車上。除了手機，身無一物。那時還不流行微信，也沒有臉書和ＩＧ，我急得不知道怎麼辦才好。一個人迷失在小山谷的驛站，看了一圈四周只有我一個亞洲人，想找人求助卻不知道如何開口。就在我即將崩潰的時候，一個滿頭小辮子的吉卜賽男孩走過來，問我需不需要幫忙。我說，我坐的巴士開走了，行李都在車上。他二話不說，找來一輛車，把我送回了馬德里市區。到了車站，又幫我去遺失行李管理處找到了我的背包和箱子。

過了這麼多年，他載著我一路找行李的情景依然歷歷在目。我永遠記得他黝黑的皮膚、滿頭的辮子、胳膊上的刺青……他仗義的幫助讓我一直心存感激，但當我想要報答他時，他卻只是擺擺手，笑著說：「That's OK!」

有一個人描述讓他感動的場景：公車裡飛進來一隻蝴蝶，一位叔叔捉住了它，然後趁到站停車的間隙把它放飛了……那樣的畫面，只是想一想，就覺得生動而美好。

當你筋疲力盡在雨中搭車的時候，哪怕對方沒有座位了，只是向你揮一揮手，也能感到一種溫暖。

那些生命中溫暖而美好的事，都是小事。

而你，是否能夠暫時放下心中的不安，閉上眼，讓心裡的那個聲音對自己說：這世界很好，你應該愛它。

Part 02

願
所有獨自孤單，終會成為勇敢

願你有英雄呵護，也有勇氣獨立

「願你有英雄呵護，也有勇氣獨立。」

某天，我看到這句話，感慨不已。站在三十歲的關口，往前看，是而立之年的筆直大道，往後看，是青年時期的崎嶇彎路。曾經經歷過險惡關隘，攀登過懸崖高峰，也駐足過美麗花園，觀看過繁花似錦。這十年，是最難的十年，也是最好的十年。

十年前從事寫作，還不知道要寫多久，只是非常執著地堅持這件事。回看這些年走過的路，不至於動盪顛簸，卻也免不了波折起伏，所幸都走過來了。最難的時候，恨不得一次跨過那幾年，賺錢、買房、旅行、結婚、生子……塵埃落定，坐等老去。

一個好久沒聯繫的攝影師朋友來上海看我，我們約在家附近的海底撈，聊家庭、婚姻、旅行，結束時發現天已經亮了。她住在深圳，一個人獨居多年，沒想過談婚論嫁，但她說，想要個孩子。

「孩子讓我老了不至於寂寞。」她說。

她計畫這個夏天去澳大利亞拍攝五個家庭，沿著黃金海岸，一邊拍攝一邊旅行。五個家庭來自不同的城市，有白人，有黑人，也有中國人。

「他們有的是工程師，有的是大學教授，有的是商場售貨員……並不是每個家庭都是完整幸福的，最多的一家有八個人，最少的只有兩個人。」

「是什麼讓你突然想要拍攝家庭？」

「這個計畫已經籌備很久了，我以前拍模特兒，拍明星，總覺得不真實。他們很好拍，在鏡頭前微微仰頭，做出自以為高級的表情，快門喀嚓一按，特別輕鬆。拍他們不需要情感，只是工作，可我需要拍有情感、有溫度的東西，那才是作品。」

「我以前很討厭孩子。」她說，「這些年通過拍家庭慢慢發現，孩子是最可愛、最珍貴的，他能帶給你快樂……那種真正的快樂。」

「你想要孩子，可能是因為你老了。」

「不，我覺得是我變年輕了，我想跟他們成為朋友，一起快樂地玩耍。」

她說起去年一整年都在各地拍獨居老人。她深入西南農村，那裡的大部分村落只有老人和孩童，年輕人都出去打工了。這一年，她沒有賺一分錢，卻感到無比快樂，覺得自己在做一件非常有意義的事情。每隔一段時間，她就會給自己設立一個命題，有時候是老人，有時候是罪犯，有時候是孤兒……今年開始接國外的案子，在一家攝影網站發出邀請，很快就有case找上門來，澳大利亞是第一站。

她說：「過去都只是拍獨立的個體，這次不同，拍攝家庭對我來說是全新的挑戰。我要和這五個家庭同吃同住，深入他們的生活，和他們一起工作、玩耍，記錄他們生活的點滴……失意的時候，快樂的時候，痛苦的時候，孤獨的時候。」

「類似紀錄片？」

「對，相當於一部紀錄片，用底片拍攝。」

「那很費錢。」

「確實，但我不在乎。」她滿不在乎地一笑。

這跟我想的有些不一樣，我以為她是像拍攝年畫一樣，一家人坐在一起拍團圓照，或者是那種旅行寫真，將人物融入風景，做成一本攝影集。而她卻用最累也最難的方式，去一個陌生的國家，用不熟悉的語言和各個種族的人交流，克服溝通和情感的障礙，深深地融入，成為他們的家人。

「結果不重要，重要的是過程。」她慢慢陳述，「我很小的時候父母就離異了，上學過的是寄宿生活，很少回家。再後來工作，一直做攝影。你知道攝影是個體的，東奔西跑，沒有群體觀念。一直以來，我都沒有一個『家』的概念，離群索居，不怎麼跟人接觸。我一直覺得自己很獨立，但這並不是真正的獨立，我其實很缺乏安全感，渴望被關心，被照顧，被呵護。拍攝家庭是我對自己的挑戰，不是挑戰工作，而是挑戰內心的陰翳和恐懼，讓我知道什麼才是自己真正需要的。」

我們都屬於社會邊緣群體，攝影師、寫作者都是自由職業，意味著不用朝九晚五，在格子間閒話家常，但也意味著沒有同事，缺少朋友。因為家庭的關係，我們養成了獨立的個性，生活中獨來獨往，經常一個人旅行，不需要談戀愛……但其實很害怕孤獨，很需要陪伴，深深地渴望愛情。

二十幾歲的時候，曾無數次幻想有個至尊寶從天而降，有個騎著白馬的英雄帶我遠走高飛。一次次期待，又一次次落空。這個人不是沒有，而是我沒有一顆想去找到他或者等到他的心，我們都活得太用力了。快到三十歲了，回頭想一想，是不是因為太獨立才沒有這個人出現，才一個人辛苦地過了這麼多年？

獨立，也是需要勇氣的。

二十幾歲的時候，獨立是本能；三十幾歲的時候，獨立是勇氣。

她說：「我們在生活中要做個大人，在情感上要做個孩童。」

走出海底撈，已經淩晨四點多，東方透出一片白。走在回家的天橋上，看到天橋下面擺了很多小攤。她像個孩子，舉起相機東拍西拍。我告訴她這是上海的夜市，從晚上九、十點開始，到次日淩晨四五點結束，整條街道擺滿各種小攤，有很多稀奇古怪的玩意兒可以淘。

她聽完興奮地拉著我，一路跑下臺階，對著攤子上琳琅滿目的小玩意兒和擺攤的小販拍來拍去，偶爾停在一個攤子前，拿起一樣東西問價錢。我遠遠地看著她，這一刻，她不像一個特立獨行的攝影師，而是一個貪戀人間煙火的小女孩。

一輪紅日慢慢從東方升起，朝霞映滿天際，那麼美。我留戀地看了一會兒，感覺心中有一枚小小的太陽升起，充滿了溫度和力量。

「風顏，回頭。」我轉過身，「喀嚓」一聲，她按下快門。那是一張在朝陽下微笑的臉。她說：

「你像一個等待英雄的姑娘。」

幾日後，她把這張照片洗出來寄給我，我在背面寫下一句話：

「願你有英雄呵護，也有勇氣獨立。」

你只需做那個小小的你，然後去愛

有一首歌叫〈小小〉，有段時間我特別喜歡聽。歌詞是這樣的：「我的心裡從此住了一個人，曾經模樣小小的我們，那年你搬小小的板凳，為戲入迷我也一路跟……」大致上是講兩小無猜的感情。

珍貴的感情，往往來自少年時代，懵懂純潔，簡單直接。和隔壁的同伴玩過家家，我做新娘，他做新郎，牽牽手相視一笑，那是童年最好的時光。第一次喜歡一個人是在小學，八九歲的年紀，看電視裡男女主角親吻會臉紅，憧憬著也被一個男孩親吻。那個男孩，成了我的第一個暗戀對象。

那時家裡開浴室（北方稱「澡堂」），他每週六來洗澡，我坐在吧台裡，他站在吧台外，他付錢，我給票，除此之外一句話也不說。我們是一個班的，坐前後桌，除了課上傳遞作業本和試卷，沒有其他的交流。就是這樣一個男孩，每週六晚上來洗澡，風雨無阻。有一次，他媽媽碰到我媽媽，開玩笑似的說：「我兒子啊，家裡明明可以洗澡，他偏要來你們家。」

我們同學六年，一直是前後桌，卻直到六年級才有了交集。一次考試，我語文考了滿分，他數學考了滿分，他主動來問我：「你作文怎麼寫的，能不能教教我？」我反問他：「那你數學怎麼考的，能不能也教教我？」我們相視一笑，成了彼此的課外輔導老師。

從此以後，他每天晚上借補習之名打電話給我，我們一聊就是一個多小時，其實大部分時間都不是在聊功課。後來，被他媽媽發現了，我們的座位被隔開，每天放學他媽媽都來接他，他的電話也被沒收……我們斷了聯繫，之後沒多久就畢業了。

我們意外地進了同一所初中，我在一班，他在四班。因為長相好、成績優異，有很多女生暗戀他，每次經過他的班級門前，都能聽到女生喊他的名字。我以為那點剛萌芽就被掐斷的暗戀草草結束了，於是看到他裝不認識。而他每次看到我，都欲言又止。

過了許多年，我們都畢業工作了。有一次，他媽媽跟我媽媽在超市遇到，孩子們都長大了，有些話說出來也就沒有顧忌了。他媽媽說：「我兒子從小就喜歡你女兒，六年級他追你女兒，還以為我不知道。那時候孩子還小，我不能讓他早戀啊，所以管他很嚴，還打過他……」

我媽媽笑笑，不置可否。對方繼續說：「原本我兒子原本跟你女兒不是一個學校，是他向我保證一定考第一名，讓我跟學校打聽你女兒去了哪個學校，硬求人家調過去的。」

原來我們初中在一個學校是他用第一名換來的，原來他每次看到我的欲言又止，藏著如此深的用心……時過境遷，這麼多年後才得知，卻不能再延續少年時的美好了。

媽媽問我：「那個周瑋，你喜歡過他嗎？」

我想起那一年中考，意外地跟他分在同一個考場。最後一場考完，他走過來給了我一本書，那是六年級時我借給他的作文書。他說：「以後也不知道能不能在一個學校了，還給你。」

我當時考得不好，心情很糟，他還我書時我誤會他要跟我決裂，一氣之下把書帶回家扔了。媽媽重新拿出這本書，封面當年已經被我撕了，她把書遞給我說：「你翻開看看。」我依言打開書，看到了一張泛黃的同學錄。

他以還書的名義，送給我他寫的同學錄。左上角是一張他的學生照，中間是個人資料，最下面是他寫的話，只有一句：「我希望成為和你相處時間最長的同學。」

他把九年裡所有要對我說的話，濃縮成這一句：「我希望成為和你相處時間最長的同學……」一語道盡全部心意。

這些年，好像一直都沒怎麼愛過人，也一直沒談過戀愛。碰到有感覺的男孩子，不會主動去追求，有追求自己的，也總是禮貌地拒絕。

五年的空窗期。有人說，一個女孩在最好的年華里都沒有談一場戀愛，實在可惜，我卻不覺得遺憾。因為沒有遇到那個一眼認定的人，我不會輕易把自己交出去。年紀越長，對待感情的態度越就真，不想兒戲，不想見一個愛一個，愛一個錯一個。很多人問我，著急嗎？我說，不著急。我的男孩還在來的路上，他要翻過山、越過海才能見到我。

他們都覺得我很天真，只有我自己知道我很認真。

一個人說，我的快樂都是微小的事情。的確，簡單的快樂才是真的快樂。如一滴匯入涓流的水，如一顆點綴夜空的星，看似微小，卻十分重要。

而你，只需做那個小小的你，然後去愛。

即使一生遇不到對的人，也會遇見更好的自己

媽媽來北京跟我一起生活，看我每天忙於工作，忍不住念叨：「你都快三十了，什麼時候才找對象啊……」這樣的話，她幾乎每週都會說兩三次。剛開始我還能應付幾句，時間久了便麻木了。後來她再說，我忍不住會頂撞兩句，或者乾脆就轉身進房間，兩個人的關係一度鬧僵。有一次，她氣得收拾行李，說：「你長大了，翅膀硬了，我管不住你，我們還是別在一起過了。」我明白她的心，卻懶得解釋。

我是個聽話的孩子，從小到大，沒有一件事讓媽媽操心，唯獨找另一半例外。這件事比高考、工作、賺錢、買房加起來都難。老家的童年玩伴、同學，一到二十五、六歲紛紛結婚生子，甚至有的剛

滿法定年齡就領證，也不知道他們都是怎麼找到對象的。那些不怎麼發朋友圈的昔日好友，冷不丁就秀出一張結婚證或者一張超音波照片，曬得我都開始懷疑人生了。

對女人而言，何為美滿人生？是獨立自強，成為自己的「大女主」，還是嫁人生子，成為別人的「好媳婦」？常聽人說，讀那麼多書、賺那麼多錢有什麼用，到頭來還不是沒人要……每當聽到類似的話，我總想回擊幾句，後來想想算了，社會觀念如此，你越解釋他們越歧視，自己過得好就好了。

那天，我又和母親因為找另一半的話題大吵一架，她氣得說自己人生失敗，不想過了。她說這句話的時候，我在想，我才是人生失敗，起碼她還有我這個女兒，而我有什麼呢？長這麼大，別人眼裡的成功並沒有給我帶來多少驕傲和快樂。我不是那種有驚人天賦的人，只是目標堅定，心意執著，就這麼一條路走到如今。在愛情上，我跟母親一樣，對愛赤誠，一心一意；又跟她不同，她強勢，掌控欲強，她也脆弱，依賴伴侶。父親走後，她的那棵大樹不在了，她內心深處的依靠被摧毀，變得不堪一擊。

於是她希望我找到那個人，那個能代替她將我照顧得很好的人。她總是對我說：「你爸爸不在了，將來我也會不在。你如果不成家，以後老了怎麼辦，誰來照顧你呢？」她卻不知道，她的女兒並不需要照顧。

愛情不是一方需要另一方，婚姻也不是，婚姻是陪伴。我很寂寞，所以我要找一個陪伴我的人，可是兩人在一起就不會寂寞嗎？沒有感情更寂寞。愛人之間的相伴，有讓彼此珍惜的情感，有彼此互相需要的不可替代性。可以談十幾次戀愛，卻不可能結十幾次婚。故而，我願意傾盡一生，找到那個讓我不費力就能在一起的人，讓我一眼就認定，可以陪伴一生的人。讓我照顧他，讓他愛著我。

我們去一個阿姨家做客，他們一家很早就到上海打拼，早早置產買房，在上海過得非常富足。他們的女兒跟我同齡，二十歲就結婚了，嫁給本地一個有錢人家，家裡有七、八套房產。她結婚後沒有工作，先後生了兩個孩子，一兒一女，女兒上小學，兒子也到了讀幼稚園的年紀。然而，看起來美滿幸福的家庭，卻有著不為人知的苦惱。

阿姨的女兒在生二胎的時候得了產後憂鬱症，身體也受到影響，以至於多年都沒有恢復。每晚失眠，有時候控制不住情緒，失控虐待兩個孩子。有一次她帶孩子出去旅行，在飛機上憂鬱症發作，差點勒死大女兒，幸好身邊的人及時發現制止。阿姨對我們哭訴，多年撫育女兒不易，沒考上大學就給她安排工作，幫她找好婆家，給她帶孩子，她不想工作就不工作，怕她在婆家受欺負，給她買了兩套房。別人一輩子在上海打拼都得不到的，她全都有了，可是她不快樂。她埋怨父母對她的管控，埋怨丈夫貪玩不歸家，埋怨公婆嫌棄她不找工作，埋怨孩子跟自己不親近……她的憂鬱症越來越重，數次想輕生，阿姨不得不早早退休把她接回家裡，一邊照顧孩子，一邊照顧她。

阿姨對我媽說：「我女兒特別羨慕你女兒，年紀輕輕就有所成就，自由自在，到處旅行。如果時光倒流，我不會再讓女兒當媽寶，什麼都給她安排好。路是要靠自己走的，再親的人也不能安排她的人生，這會毀了她。」

回去的路上，我們都很沉默。快到家的時候，媽媽停下來向我道歉，她說：「我很慶幸把你培養成現在的樣子，如果逼你結婚，過世俗人眼裡的生活讓你不快樂，我寧可你一輩子就這樣，只要你開心就好。媽媽會永遠陪著你，直到你不再需要我。」

那一刻，我的眼淚落了下來。母女之間多年的心結終於解開，我們又回到了最初的親密無間。從前是兩個人，現在依舊是兩個人。不同的是，從前的我們相處得如履薄冰，現在的我們瀟灑肆意。這輩子，我都不會丟下媽媽，也不會做她的媽寶，只會做她的大樹。

努力讓自己越來越好，哪怕是一個人。

努力讓自己等得起，相信最好的總會在恰當的時間出現。
對自己說：「即使一生遇不到對的人，也會遇見更好的自己。」

不要隨便和喜歡的人聊天

M來找我，說她失戀了。

M是一個製片人，年紀輕輕，有著美麗的外表和大好的前程。我聽她斷斷續續地說了許久，說如何為對方付出，給他錢，送他奢侈品，結果她一頭栽進去，人財兩空。

M喜歡的是一個臺灣人，那個臺灣人有妻子和好幾位情人。M和他是在劇組認識的，剛認識的時候，M不知道這個臺灣人已經結婚。他把自己包裝得很好，禮貌、體貼、細心、風趣。在認識他之前，M空窗了很久，身邊陡然有一個成熟有風度、體貼有禮節的男人靠近，令她疲憊空虛的心得到了慰藉。

「三年。」她對我說，「距離上段戀情過去了三年。你問我喜不喜歡他，一開始我是不喜歡的。我對人一直戒備心很重，何況是感情的投入……但是慢慢的，我有點撐不住了。他對我太好了，一點一點地攻陷了我的心。」

所謂細水長流，再優秀強大的女人，也架不住男人的甜蜜攻勢。他細心周到，溫柔體貼，肯放下架子，還會哄人。M是一點點被對方征服的。她也掙扎過、懷疑過，覺得這個男人莫名對她好是另有所圖，直到他真誠地告訴她，他愛她。

於是M相信了，和對方談起戀愛。可是好景不長，她很快就發現了問題。男人總是趁她不注意的時候和別人發很長時間的微信，每晚固定在一個時間段消失。M是那種很聰明也很敏感的女孩，她索性和對方攤牌，問他是不是除了她還有別人。令她想不到的是，對方很快承認了，告訴她自己在臺灣有家庭，和妻子結婚多年，沒有孩子。

「沒有孩子就能成為你鬼混的藉口嗎？」M很想把這句話說出來，但她忍了忍，還是沒有開口。她說：「那我們沒有以後了。」

男人表現得很冷靜，他說：「你再考慮考慮。我也愛你，可我暫時沒辦法離婚。」

「是沒辦法呢還是不想呢？」M問道。

男人說：「這個話題結束吧。」

隨著對話的結束，M和對方開始了長時間的冷戰。雖然依然生活在同一個屋簷下，依然要進行日常工作的對接，但M沒辦法再像從前那樣和對方相處。她很要強，三年來一直有人追求她，但始終沒有一個人走進她的心。在她想要結婚的年紀，有個男人讓她覺得可以共度此生，結果是個騙子，她被迫成了第三者。

「也許還是第四者、第五者。」M嘲諷道，「我慢慢地發現，他在劇組還有曖昧對象，經常出入對方的房間，我只是忍著不說而已。」

「為什麼不說呢？」我問，「揭露他的真面目，別讓更多像你這樣的女孩上當受騙。」

「算了。」M咬著牙，眼裡有淚，看得出來她很難受，「我們還有工作往來，我們的朋友圈還有許多共同好友，我不想撕破臉。等到項目結束了，我就跟他一刀兩斷。」

我遞給她一杯熱茶，看得出來，她依然對那個男人有感情。我說：「感情不是任性，不是今天想在一起就在一起，明天不想在一起就不在一起了。你跟他在一起之前，沒有想過先問你們的共同好友他有沒有結婚嗎？如果決定投入，一定要把對方的身家背景搞清楚，否則一旦陷進去，想抽身出來就很難了。」

她點點頭，說：「是啊。」她還年輕，二十七歲，人生還有無限可能，不必為一個走不到一起的人傷神傷心。

「你為他流的淚他知道嗎？」我繼續說，「就算知道了，他也不會改變想法，更不會離婚，他跟你在一起不過是一時興起。他喜歡你，也喜歡很多人，今天喜歡你，明天喜歡別人。對他來說，愛情是日用品，就像襪子一樣，今天穿破了，明天換一雙就是了。可對你而言，愛情是稀有品，你費盡心力得到了，就想把它好好珍藏起來，不再弄丟了。」

她沉默許久，喝完一杯熱茶，抬起頭看著我，告訴我她想通了。她的眼裡有徹悟之後決然的光——要跟那個男人徹底斷絕關係，而不是嘴上說說。之前的彷徨、糾結只是因為還對他留情，可一旦留情，就會讓對方有機可趁，讓這段糟糕的關係還有繼續的可能，到頭來，受傷的還是自己。

「那些什麼工作、共同好友都不是你無法跟他斬斷的理由。這段感情對你而言並不羞恥，它給了你教訓和經驗，在愛情裡你會變得更強大，更有主動權。失戀固然難受，挺過來就是贏家。」

在愛情中，我們其實都是小女孩，都渴望有人愛、被人寵。好的愛情不是一時情迷，不是委曲求全迎合對方。在愛情裡獲勝的不是勇士，而是智者。

我始終覺得，美好的愛情是存在的，有青梅竹馬，也有心意相知，有最好的年紀嫁給最好的人，也有睡在老伴的身邊六十年還為對方蓋被子……在人生漫長的旅途中，有無數次遇見愛情的可能。我們要學會接受，也要學會拒絕，學會爭取，也要學會放棄。

不要隨便和喜歡的人聊天，不要讓自己很快被對方看透。愛情需要門當戶對，需要勢均力敵，亦需要同等的心智和情商。彼此之間更像行動契合的獵手，而非獵物和獵人的關係。

我最喜歡相互讚賞的感情，在彼此眼裡是獨一無二、無可替代的。這種獨一無二不是因為你美麗或者他有錢，而是你們有默契的靈魂，閉著眼也能聞到對方的味道。好的愛人，會將你當作珍寶供養起來，你亦會感受到心意的珍貴。

夜闌聽雨，終會等到花開。

經常請吃飯的漂亮姐姐

工作有了新變動，我搬進了酒仙橋的公寓。那是一間日式公寓，小小的，但是很整潔。晝伏夜出，白天睡眠，晚上工作，唯一的消遣是看一部熱播韓劇——《經常請吃飯的漂亮姐姐》。朋友曉時對它的評價是：這是一部你看了會在床上打滾，喝綠豆湯不用加糖的甜劇。

我說：「我本來喝綠豆湯就不加糖。」

曉時嘖了聲，說：「你可真沒勁。總之，這就是一部讓你看了想談戀愛的劇，很適合你。」

正值初夏，我一邊喝著綠豆湯一邊看劇，空氣彷彿沾上了卡布奇諾的奶沫，伴隨著Bossa Nova（巴薩諾瓦）的輕快樂音，還真是看了就想戀愛。丁海寅的笑一直在我心間蕩漾，於是我捂著臉露出了「姨母笑」，好像自己就是那個請吃飯的漂亮姐姐。

女人哪，不管到什麼年紀，都懷著一顆冒著粉紅泡泡的少女心。哪怕對男人再挑剔，單身再久，看到好看的、氣質出眾的男孩子，還是會對他花癡、冒星星眼，這種心態無關年齡。

劇中男女主角相差四歲，一直被男主角稱為姐姐的女主角，三十五歲遭遇男友劈腿，分手後遇到了留學歸國的男主角。他是她閨密的弟弟，也是她的弟弟。他們在一棟樓上班，電梯、街道、天臺……在各種場合不期而遇。於是姐姐請弟弟吃飯，弟弟送姐姐回家，一來二去，愛情的焰火在空中綻放，如此美好。

他們的愛情在日常生活中萌芽。下雨天，弟弟在便利店故意只買一把傘，就是為了跟姐姐共撐一把。他的手藏在身後，想觸碰又不敢，緊張、忐忑、心怦怦直跳，表面上卻不動聲色地與姐姐嬉笑。姐姐對弟弟暗藏情意，怕被同事發現，明明喜歡卻不敢表示。公司聯誼，一幫人聚在一起吃吃喝喝，談笑間姐姐用穿著性感絲襪的腳在桌下跟弟弟調情，暗流湧動，曖昧浮現。

每隔一段時間，就會有一部韓劇填補我空虛的單身生活。韓國人太會拍戀愛劇了，把那種男女之間的小心思、小曖昧拍得細膩入微，真實得好像就發生在自己身上，讓我時常發出「明天就要找個人談戀愛」、「今天就要在夢裡和男神相會」諸如此類的感歎。

曉時說：「怎麼樣，看了是不是想談戀愛？」

我點點頭，確實。

「多看韓劇，自然就有男朋友了。」曉時喋喋不休。

「不應該是更找不到男朋友了嗎？」

「……」曉時無語地看著我。

「難道不是嗎？生活裡哪有這麼完美的戀人啊，照這個標準，估計要一輩子單身了。」

「沒讓你照這個標準找，是讓你學會怎麼找。」曉時糾正道，一副師父用心教徒弟不上道的樣子，「不是每個大齡女子都要靠相親解決，機會有可能就在身邊，在你的同事、鄰居、朋友的朋友中間，懂嗎？」

我點點頭，喝下了最後一口綠豆湯。

曉時是時尚編輯，現在已經混到了副主編，不出意外再過兩年，就能榮升主編。用她的話說：「到時候呼風喚雨，要什麼帥哥有什麼帥哥。」曉時嘿嘿賊笑，兩眼放光。

我和曉時是大學同學，但不是一個系的。直到畢業幾年後，在一次聚會上認識了，才知道我們原來不僅是同校同屆，還上過同一堂通識課。我倆一見如故，都在對方身上找到了與自己相同的屬性：單身。

單身且多年單身的副作用是，對異性產生了抗體，都是嘴上逞強心裡犯慫的同類。有一次她約我參加一個party，說叫了八個男模來助興。我到了工體拾三，她包了一個卡座，真的叫了八個帥哥，還有巴西和俄羅斯的。她一杯杯地叫那些帥哥陪她喝酒，場面甚是壯觀。見到我來，她衝我招手，說：「姐姐給你選的帥哥隨便挑。」

我縮了，不但沒喝酒，還沒骨氣地跑了。過後她說我不講義氣，我說我年紀大了消受不起。她笑得上氣不接下氣，然後勾著我的肩膀在我耳邊說：「我那天喝多了，借著上廁所的工夫跑了，酒錢也沒付。那幫男的本來想蹭我的酒，結果被我耍了，也不知道後來有沒有打起來哈哈……」

我聽了不置可否。不瞭解她的人會覺得她很能玩，但我知道那只是出於寂寞。

曉時說：「像我們這種姐姐啊，為什麼嫁不出去呢？」

「因為太漂亮了吧。」我安慰她道。

「漂亮姐姐嫁不出去也可以談戀愛啊……我為什麼沒有戀愛呢？」

「那是因為沒請吃飯吧。」我繼續安慰她。

「嘖，作家都像你這麼能編嗎……」曉時白了我一眼。

我們平常各自忙碌，偶爾見面互損，聊的幾乎都是情感和八卦。她一拍桌子，放下酒杯道：「我一個朋友說，三里屯有個算塔羅的特別靈，不然咱們去算算？」

「你這是病急亂投醫。」

「你就說去不去吧，我想在耶誕節之前讓自己脫單。」

「為什麼是耶誕節啊？」

「這樣就有人送我紅蘋果了啊。」

然而沒有等到去三里屯算塔羅，曉時就脫單了。

她約我去經常見面的居酒屋，清酒喝了三巡，她說：「我戀愛了。你猜，我的男朋友是誰？」

我配合著說：「是誰？」

「是我剛招進來的，特別神奇……」曉時的男朋友是她招進來的同事。

「你們雜誌社還允許辦公室戀情啊？」我唏噓道。

「他是攝影師，兼職的，平時不用到公司，不算辦公室戀情啦。」

「你們怎麼在一起的？」

「就吃了兩頓飯。」

「就吃了兩頓飯？」我一下子不太能接受這個過程。

「對啊。」曉時點點頭，「沒談戀愛的時候我發現特別難，談了戀愛發現特別簡單。我請他吃了一頓飯，他也回請了我一頓，就這麼在一起了。當然，我是對他有觀察的，他穿的襯衣和噴的香水都是我喜歡的牌子。」

如果是這樣的話，那真的是天公作美。其實兩個人在一起，未必要經歷很多事情，跟時間也沒有多少關係。有感覺了就在一起，哪怕是一個眼神、一次觸碰，如此簡單。我聽著配樂「Whistling Love」（吹著口哨愛你），煮了一碗綠豆湯。不知不覺間，在這間公寓住了半年了，似乎什麼都沒變，又似乎一切都在悄然改變。

又過了一陣子，曉時突然打來電話：「姐姐你看完了嗎？」

「姐姐什麼看完了？」

「《漂亮姐姐》啊，你以為我叫你姐姐呢，看完了嗎？」

「還沒。」

「那你每天都在忙什麼啊？」

「忙工作，寫書，思考，什麼時候出去旅行……」

「天，你可別再想著一個人出去旅行了，找個人陪你吧。」

「在哪兒呢？」我笑著問。

「學學我啊，招個助理，哪怕是個送外賣的，只要長得帥就行。」我被逗笑了，她說，「好了不啦賽了，說正經的，等你看完了，也找個人請他吃飯吧。」

「嗯。」我微微一笑，「找個會做綠豆湯的。」

真正堅強的人不是不落淚，而是會含著眼淚奔跑

最近，看到了一則深受觸動的新聞：在加拿大西南部海岸，一隻虎鯨寶寶剛出生半小時就不幸離世了，虎鯨媽媽頂著孩子的屍體在水裡遊了十七天。孩子走了以後，虎鯨媽媽一直沒有進食，牠拖著疲憊饑餓的身體，艱難地頂著孩子痛苦地前行。每次虎鯨寶寶從它頭頂滑落，牠都要做六到七次呼吸才能進行一次長時間的深潛，把寶寶再次撈上水面。牠捨不得放手讓寶寶離開，用這種最痛心也最堅強的方式送自己的孩子最後一程。

想起那句話，真正堅強的人不是不落淚，而是會含著眼淚奔跑。

有一天淩晨，我看到一個清潔工人坐在路邊放聲痛哭。不知道他發生了什麼事，雖然很想上前幫

助他，但又覺得，或許他只是想在無人的時候靜靜地釋放情緒，因為白天的工作不允許他暴露自己的難過。我默默地看了許久，直到他直起佝僂的身子，擦了擦臉上的淚，拿起掃帚開始清掃馬路。

那些送外賣的、做代駕的，風裡來雨裡去，默默工作，辛苦委屈無處訴說；清潔隊員天不亮就要到大街上清掃，他們做著最髒最累的活，要趕在交通系統開始運作之前恢復城市的清潔；月嫂背井離鄉，在別人家裡帶孩子，自己的孩子卻留在老家無人照顧；建築工人頂著四十攝氏度的高溫高空作業，不顧身體健康，建造出一幢幢摩天大樓……他們是生活在這個社會底層的艱苦樸素的人，也是最堅強、最值得敬重的群體。

有時候，人心中承受之重是無法用言語表達的。想哭，卻無淚，困境依舊是困境，只得咬著牙埋頭繼續做。生活的挫折漸漸壓彎了自己的腰，從前桀驁不馴挺直腰杆忿天忿地，而今委曲求全佝僂身軀隱忍度日。怎樣做都沒有錯，但怎樣做都有違初衷。

有一年下大雪，我從天津回家過年。要坐十幾個小時的火車先到南京，車廂擁擠骯髒，沒有座位。過道裡全是人，有的躺在別人的座位下面，有的席地坐在角落裡，有的倚靠在自己的行李箱上，還有的乾脆站著。我斜倚在列車門邊，遠離車廂裡的人，因為害怕睡著了背包被偷走，不敢閉眼。就這樣過了一夜，想了一夜，腦海裡全是對未來的憧憬和擔憂，彷彿這列火車是從過去開往未來，心裡充滿著對前路不可預知的迷茫。

因為下大雪，中途遭遇了幾次緊急停車。我看到那些軍人和鐵路工人在冰天雪地裡用鐵鍬鏟著積雪，衣服和鞋都濕了，他們忙碌堅強的身影在蒼茫的雪地裡猶如一座座豐碑。這一夜，不停地聽到有人咳嗽，老人的喘息聲、孩子的哭聲，他們想要回家的心情可想而知。然而就在火車因故障停下來，列車員告訴我們需要清理鐵道，出發時間待定時，原本嘈雜的車廂一下子安靜下來。人們睡意全無，紛紛看向窗外那些在大雪中奔忙的身影。一個被母親抱在懷中的孩子咿咿呀呀地對著窗外揮手，老人的眼裡噙著淚。

那一刻，沒有人急著要回家。所有人都目不轉睛地注視著窗外，牽掛著被風雪吞噬的身影。當鐵道被清理乾淨，火車重新啟程時，車廂裡爆發出一陣歡呼。那些奮戰在一線的工作人員在風雪中向我們揮手致意，我們亦同樣揮手向他們表示感謝。笑容在臉上，情意在心中，那一幕，印在我的腦海裡很多年。

脆弱、孤單的時候，想一想有人比你更脆弱、更孤單，也就沒那麼難了。當感覺人生不那麼如意，覺得自己再也堅持不下去的時候，請記得對自己說：沒關係，大家都是這樣過來的。

今夜有雪，從南京坐高鐵回北京。十年前，我要花十幾個小時站著回去，十年後，坐著看兩部電影就到站了。科技在進步，生活在改善，我們還有什麼不滿足的呢？所有的退縮和杞人憂天，都是心性裡的頑疾。人生的痛，並非失敗，而是沒有經歷自己想要經歷的一切。

很多年前寫道：「凡力所能及的，我都去做。除此之外，唯有好好把握生活，珍惜生活。我要愛我的家人，我的父親、母親。愛我少得可憐的朋友，愛每一個善待我、幫助過我的人，即使不知姓名。我亦要愛我的工作、我的理想、我的人生。而今我尚年輕，我愛著我的年輕，愛著那些即將遺忘的、終將消逝的歲月……愛著明天。」

愛著明天。

傷痕也要是一種驕傲

痛了很久的傷口變成疤，留在身上就叫作痕跡，也是紀念。很多人喜歡刺青，蝴蝶、字母、姓名、句子……每一種圖案都有不同的寓意，為失戀、為哀悼、為教訓、為信念……我印象很深的文身是一句話——Keep My Faith（堅持我的信念），哥哥把它刺在了胸口。他說，這是愛，我不懂。

我確實不懂。我若懂，也不會為此執迷這麼久。

我很早就獨立了，也很早就明白，這世上有一種感情，刻入體膚，與血肉同在。懂事之前，本能地想討好每一個人，他們給我一個笑，我的世界就燦爛了。那時候其實不懂所謂的感情，所謂的親疏有別。懂事意味著情動，那個給你笑的人，一定是唯一的，他會讓你明白什麼是愛。

春天的花開得很美，時光悄然流走不覺，只是讓人貪戀。走路的人、談天的人、喝茶的人、賞花的人，每個人的臉上都流露出隱約的笑意，恰似一種溫情。繁花之中尤喜茶花，三四月間開放，花期不算太長。花朵飽滿、明豔，花瓣是溫柔的粉色，聞起來有股清透的茶香。

人的感情就如茶花，花期一過，即刻凋謝。滿室茶香縈繞，還是留有想念的餘地。待到新花開、舊花落，熱鬧已成過去，當下唯有靜默。像花一樣，有開有謝，順其自然。我們要等待的不是花期，而是花期之後那漫長的餘年，凋謝後以怎樣的姿態再度示人。

屏風上的寒梅很美，但若置於百花中，寒梅未必能讓人眼前一亮。我們做任何事情，都要宜景宜情，即使與一個陌生人說話，也要懂得應時應地的技巧。

能獲得什麼樣的感情，取決於你是怎樣的人。你平實，感情也平實；你虛華，感情也虛華。你如何待它，它便如何回報你。年輕姑娘容顏嬌美、資質出眾，以為這樣就能交換到想要的感情，其實她並不明白自己想要的是什麼。

人因脆弱，總想把將離去的都留住，好景、好情、好時光。我們如此留戀美，亦同樣執著於不美。再醜陋的疤痕都要留在身上，不願擦掉或用別的東西遮蓋。它見證著玩世不恭的青春歲月，坎坷曲折的心路歷程，從喧囂歸於平寂的盛大戀情。它讓你明白，有些事、有些情，都要自己去經歷，忍得了痛，才能破繭成蝶，回歸最初的清白。

「傷痕也要是一種驕傲。」

走過黑暗，嘗過冷暖，享受過成功，遭遇過失敗，我們如何以淡定的姿態立於世，不困於心。即使人到中年，也未必通達。歸根到底，人的生活其實是平淡的。平淡地享受生命帶給我們的微小喜悅，邂逅一段不算貴的愛情，把它「買」下來，珍藏在盒子裡。對待它要比擺在琉璃架上以供挑選的收藏品更有耐心，因為它是你的，不是別人的。

驕傲是一種氣質，要做平淡有氣質的人。有人說，獅子的憂傷你永遠不會知道，因為它太驕傲。快樂的時候，我們要盡情地快樂，留給外人真誠可愛的一面。即使有傷，也是在心上，要慢慢治癒。我的傷痕你不必知道，我有足夠的時間和信念，使它消失。

「懂事之後，你覺得會愛這個人一輩子，那也許就是真的了……」

是的，即使很受傷。

你努力合群的樣子，真的很孤獨

某天，有人突然跟我說了一句話：「你努力合群的樣子，真的很孤獨。」

我從小就不是愛熱鬧的性格，每當家裡有客人來，我總喜歡躲在房門的後面。小學六年，每學期期末，成績單上的評語都是：「該生性格較內向……」

說話小聲，做事遲緩，跟現在判若兩人。但我知道，我骨子裡還是那個內向孤僻、喜歡把自己關起來的人。

這麼多年，我非常努力地走到今天，人為地改變了外在的性格。努力變得合群，和不熟悉的人處好關係，公眾場合呼朋引伴，觥籌交錯間熱絡寒暄，臉上掛著笑，心卻是厭煩的。有人對我說：「起初認識你，以為你很外向很好相處，其實不是的。你只是看起來好接觸，你的內心總是和人保持距離。」

我是這樣的，那麼你呢？

生活在大城市，過得辛酸壓抑，你會在深夜痛哭嗎？會一個人在寂靜無人的馬路跑步，跑到力竭說不出話嗎？會醉倒在空蕩的客廳沙發，直到清晨的第一縷陽光把你叫醒嗎？或是在三十層的辦公大樓加班到凌晨兩點，出門看不到一個人、叫不到一輛車。在專案提不出來被主管批評，在和戀人大吵一架說出「我們分手吧」的那個瞬間，你，會不會覺得孤獨，覺得這個世界沒有人關心你，沒有人懂你？

細數人生孤獨的事：看見穿著情侶裝的戀人牽手走過；有一堆明明不敢面對卻又捨不得刪除的照片；看見一個似曾相識的背影，停下來呆立好久；做夢夢見心愛的人，醒來卻只有自己；想念對方的時候，對方卻不知道；夜晚，一個人面對黑暗和寂寞……

很多個夜晚，我就是這樣一個人面對黑暗和寂寞，心裡有個聲音在歎息：你看你，不喜歡為什麼還要勉強……

一個許久未見的朋友在一場發佈會上見到我，遠遠地走過來，他的眼裡滿是驚訝和讚歎。他說：「好久沒見到你，你的狀態比以前好多了，人也變美了。看你這麼忙，是怎麼做到的？」

我說：「每天熬夜，淩晨三點睡，早上八點起，一天睡五個小時。不吃早飯，做空中飛人。每天加班，隨時解決突發狀況，和人吵架，撕合約……」

他說：「停，停，停，你是唬我的吧？」

我說：「這就是我的生活。」

「那你狀態還這麼好？」

「與工作鬥，與人生鬥，其樂無窮。」

他不想聽我鬼扯，一臉的不可置信，揮揮手走了。他一定不相信我說的，但這就是我這幾年的生活。身邊的朋友很少知道我的病：因為不吃早飯，得了慢性胃炎；因為長時間伏案，得了頸椎病；因為長久勞累，得不到充分的休息，長了腫瘤。醫生說，要是再這樣下去，我等不到年老，就要躺在床上被人照顧了。他說得委婉，我聽得心涼。

可是，我還是假裝過得很好，白天風塵僕僕，精神抖擻，夜晚孤枕難眠，滿身傷痛。最痛的時候曾想，我若是就這麼死了，除了媽媽，沒有人會記得我。其實我並不在乎那些不記得我的人，我只想對我好的人免受苦厄，不為我難過。

中秋節的時候，一個人在北京，有個人發來短信，對我說「中秋快樂」。我其實並不想和這個人有聯繫，然而在那個秋涼的夜晚，獨自在異鄉過節，這個人給我發了一句問候。他說：「我知道，有很多人給你發了這四個字，或許他們只是應景地發個祝福，未必關心你一個人過得好不好。而我希望這個中秋有人陪你過，在你身邊說，中秋快樂。」

很多時候，我們假裝很好，我們的親人、朋友、同事也以為我們真的過得很好……其實不然。逢年過節，他們發來問候：你好嗎？只會回答：我很好。那一聲問候，那一句回答，不過是應時應景，沒有人知道你到底過得好不好。

其實，我說「我很好」的時候，多希望有人能揭穿我，抱住我說：「我知道，其實你並不好。」

正如，有人對我說：「你不必偽裝自己，你努力合群的樣子，真的很孤獨。」

晚安，第一千零一次

深夜，翻出過去的舊作，有一篇是寫給自己的信，當中有段話：

我們的人生不可以重複，只有過與過去，沒有好與不好。我總覺得有些事、有些人，時間一到，就自動瓦解消失了。以前不太懂得原諒，其實是不放過自己。後來經歷越多，憐憫就越多，慈悲心讓我看到每個人的苦衷和隱痛。反觀自己，好像沒有什麼是不能原諒的，也沒有什麼是不能接受的。

當時每晚失眠，壓力大到爆棚。二〇一五年開始做一個專案，做了三年，案子還是沒有折騰出來，當中困難重重，不斷經歷人事變故。有幾個成員的家人相繼離世，也有新生命降臨，諸事迴圈，如此往復。

這幾年，反覆想的是，人為什麼過得不快樂。飯吃不好，覺睡不好，最嚴重的一次，三天三夜沒有合眼，明明身心疲憊至極，大腦卻始終沒有發出休息的訊號。我知道應該讓自己放鬆下來，哪怕有十分鐘的時間下樓跑個步，都會有不一樣的改變。

做完十二道心理測試題，總結出失眠的原因是嚴重焦慮和沒有安全感。最好的辦法是離開現在的環境，找一個遠離工作和困境的地方，調養幾年。可對一個工作狂而言，這幾乎是不可能的。於是繼續工作，繼續失眠，身體越來越壞，以致生病。

二〇一七年冬天，我的身體出現了一些不好的反應。吃飯反胃，吃一點就吐，大多數食物都要忌口，一下子瘦了八斤。過敏，皮膚上起了大片紅疹，遲遲不退。脖子上長了一個瘤，發作的時候頭痛欲裂，連話都不能說。

那時候在專案上，大事小事都要管，生病也要強撐著。醫生開了含激素的消炎藥，吃了幾次也沒有效果；跑了醫院好多次，各種檢查做遍都得不出結果……因為生病的關係，我的情緒也不穩定，從而導致病情發作得更厲害，脖子上的瘤越長越大，壓迫神經，到了要立刻住院的地步。

沒有人幫忙，所有的苦痛必須獨自承受。那種刺入心靈深處的痛，我一輩子都忘不了。

經朋友介紹去協和醫院，請了最權威的口腔科專家。經過CT、核磁等一系列檢查，最後診斷我得了腮腺血管瘤（另有一種說法是腮腺細胞瘤，但要手術才能確診）。不幸的是，我這種病，國內無法治。它不致命，但也不常見，因為只有發作的時候才能觀察到病情，但它的發作沒有預兆。有可能一個感冒就會發作，有可能因為嚼東西用力而突然發作，還有可能因為和人爭執、情緒激動而立刻發作，甚至是在半夜身體最虛弱的時候，不知不覺地發作了……不能說話，不能吃東西，甚至連口都開不了。只能默默地忍受著疼痛，等它自行消退。

這種病，沒有辦法用藥，也不能做手術。醫生的回答是，因為長的位置正好在面部神經彙聚的地方，如果手術的話，很有可能導致面癱。手術風險很高，不建議做，而如果協和做不了，估計其他醫院也做不了。

我當時聽完後很平靜，所有的病痛都是自食其果。不愛惜身體，身體就會給予你最沉痛的教訓。雖不致命，但它會讓人痛，痛不欲生。

我花了一年時間與病痛對抗，不抽菸、不喝酒、不喝咖啡、不吃麻辣和海鮮……凡是對身體不利的習慣我都克制，唯獨失眠，沒有辦法克服。醫生建議我最好不要吃安眠藥，所有失眠其實都是心理出了問題，他說只要我在心理上戰勝了它，不用任何藥物就可以自愈。

一年有三百六十五天，我大概有一千個夜晚沒有在十二點之前入睡。在第一千零一個夜晚，我開始對自己說，晚安。

睡不著的時候，就看《安徒生童話》，一遍一遍地聽《心經》，臨摹鋼筆字帖。手機關機，不再刷朋友圈，不和人聊天，也不再看電影和小說。堅持跑步，每晚夜跑，出一身汗回家洗澡，睡前喝一杯牛奶，十點一定躺在床上，就算沒有睡意也要閉上眼睛……做最簡單的事，不去想複雜的問題。如此堅持了一百天，我的身體開始出現變化。

腫瘤不再發作，雖然它還在我的體內，但不再頑皮地和我作怪。過敏留下的斑點漸漸褪掉，下巴、脖子上的瘡疤也逐漸變淡，皮膚變得越來越好。不再反胃，儘管還是有很多東西不能吃，但那種一吃食物就犯噁心的狀況沒有了。因為睡眠規律和堅持鍛煉的關係，身體越來越好，所有的病痛不治而癒。家人依舊擔心腫瘤，覺得那始終是一個隱患，不發作不意味著不存在。也有朋友介紹我去國外的醫院，都被我一一謝絕了。我當然害怕生病，害怕死亡，但抵抗它最好的方式是身體強大的自癒能力。如果我能夠克服內心的障礙，戰勝自我，所有難題都能迎刃而解。

你現在的樣子，是你過去的果；你未來的樣子，是你現在的果。惡念的後果會一直跟著你，就像牛車被牛拖著走一樣；清淨心的後果也會一直跟著你，就像你自己的影子一樣。沒有人，包括父母、親屬與朋友在內，能像你自己的清淨心一樣幫助你。一顆訓練良好的心，將會為你帶來快樂。

記得在第一千零一個夜晚，對自己說一聲，晚安。

Part 03

願
所有自渡之人，終得時間治癒

那些以為過不去的過去，都會過去

學姐和我曾經是同事，我來北京的第一份工作就和她在同一家公司。那時，她坐在我對面。後來她辭職了，說是要給老公當助手，之後我們有兩年多沒見。再一次見面，是我去出版公司開會，她的辦公室就在隔壁，我們在去洗手間的時候遇到了。那時我已經辭職在家寫作，想找一份和影視相關的工作。她正好在影視公司上班，於是將我推薦給她的主管。經過面試，我被錄用了，我們再次成為同事，她依然坐在我對面。

我問她：「你不是回去給你老公當助手嗎，怎麼又上班了？」

她樂呵呵地說：「我老公覺得當助手浪費我的才華，讓我來上班。」

學姐喜歡寫作，大學時就開始寫一些東西。她是編導，她老公是攝影，他們在學校組建了一個小團隊，拍拍片賺點外快，學姐和她老公的愛情就是從這裡開始的。他們是大學同學，戀愛五年後結婚。剛認識學姐的時候，她每天樂呵呵地把老公掛在嘴邊，我們都戲稱她「小媳婦」，她也樂意聽我們這麼叫她。

有一天我們一起吃飯，我問她：「你想過將來嗎？」

「沒有啊。」她一派天真地說，「我不用想將來，有黃先生就夠了。」

「女人應該獨立點，哪怕結婚了。」我覺得她太依賴她老公了，忍不住建議道。

「我也賺錢獨立啊，但是我不用賺什麼大錢，有黃先生就行了，他說他養我。」學姐美滋滋地說道。

不知道為什麼，我總是對她的狀態有些隱隱的擔憂，也許是杞人憂天。比起依賴另一半，我更希望我的朋友獨立一些，這樣無論發生什麼變化，都能更好地保護自己。我本以為他們會相安無事地幸福下去，沒想到我的隱憂成真了。

一連好幾天，我都沒有在公司見到學姐，問她們組組員，才知道她請假了。起初我以為她生病了，打電話給她，手機一直關機。我以為她家裡出了什麼事，想再等兩天看看，可是一個多星期過去了，還是沒有聯繫上她。我一下子慌了，找到共同認識的朋友打聽她的情況。

對方說，她離婚了。請假的這段日子，她在辦離婚手續。一切來得太突然，讓人始料未及。我很想知道她為什麼離婚，對方歎了口氣，搖搖頭說：「還是等她緩過來你自己問吧。」於是，我默默地等待著學姐回來上班，想給她發微信又不知道說什麼，畢竟這種事她應該不太想讓認識的人知道。直到有一天，她回來辦離職手續，我們在洗手間再次遇到了。

她感慨一聲：「時間過得真快啊，轉眼你來公司一年了。」

我說：「是啊，還記得一年前我們在這兒碰到，你把我推薦到公司，我們又成了同事……一切都是緣分。」

學姐點點頭，過了一會兒，說：「我離婚了。」

我說：「我知道。」

她沒有感到意外，大概覺得同事們都知道了。

她笑了笑說：「我今天來辦離職。」

「為什麼？」

「不為什麼，覺得在這裡待不下去了……」

「因為離婚嗎？」她點點頭。

「那是你的錯嗎？」我再次問道。她沒有說話。

「既然不是你的錯，你為什麼要走？」她遲疑著說不出話來。

不知怎麼的，我突然非常生氣，為她的軟弱：「你找好下家了嗎？有經濟來源嗎？房租怎麼辦？生活費呢？」我一連問了好幾個問題。

她被我問得啞口無言，過了半晌，低聲道：「爸媽先給我一些錢，過陣子我再找工作。」

「你可以跟公司請假啊，你在這兒幹得這麼好，工資也不低，如果沒找到下家就不要走了。你現在的狀況公司會理解的，放一個長假好好調整一下，等狀態好了再回來上班，這比辭職再找工作靠譜。」

「可是……」

「沒有什麼可是。」見她還在猶豫，我忍不住急道，「你之前靠老公，現在靠爸媽，你不覺得人生很失敗嗎？」

她似乎被我刺激到了，眼裡含著淚，一聲不吭。我也覺得我說得有些過分，但說出這番話，我是想要點醒她。

說完我就後悔了，想跟她道歉，她卻轉身走了。我本來想安慰她，卻鬧得不歡而散。後來我得知，那份辭職申請她沒有提交，公司給她放了一個長假。一個多月之後，我收到她的微信：「最近忙嗎？有時間的話一起吃個飯。」

我們約在公司附近的一家餐廳，點了一瓶紅酒。她的狀態看起來好些了，我問她最近怎麼樣。她說出去旅遊了。

「我以前從來沒有出過遠門，連結婚都是。那時候他很忙，說等有時間再補蜜月，誰知道這個蜜月一輩子都等不到了……」她喝了一杯酒，緩緩說道，「我們結婚快兩年了，真正在一起的時間很少，他總是忙啊忙，經常外出。我呢，就守著我們的小家，每天洗衣、做飯、打掃屋子，不管他多晚回來，我都做一碗麵等他。」

「我偷偷備孕，沒有告訴他。剛結婚的時候，我們決定暫時先不要孩子，一是兩個人都很忙，他事業剛起步，我需要集中精力照顧他；再者我們都還沒錢，租著房住，想著等賺了錢、買了房，再要孩子也不遲，到時候把父母接過來，買一個大房子，兩家人住在一起……我太寂寞了，想給他生個孩子，這樣他在外面的時候，起碼有孩子陪我在家裡等他。可是我沒有想到，他在外面有了人。我們從大學戀愛到畢業，五年他都沒有出軌，怎麼結婚不到兩年就出問題了呢？我想不明白，真的想不明白……他出軌瞞著我，不想跟我生孩子，卻跟別的女人有了孩子，等到對方肚子大了才告訴我，還是那個女人找上門來跟我說的……直到我提出離婚，他居然都沒有鬆口承認對我的欺騙，怎麼有這麼噁心的男人啊，我真的是瞎了眼……」

「還記得我對你說的嗎？」聽完她的講述，我說，「你太依賴那個人了。你從精神上依賴他，你愛他比他愛你多。一旦讓他覺得你是他的，怎麼都不會離開，他便可以為所欲為。如果你和他平等相處，愛他的同時也愛自己，讓兩個人處在對等的位置，他做任何事都會掂量一下你的價值，考慮傷害你的後果他是否承擔得起，那麼他就不敢肆意妄為了。」

「男人都是貪心的。」她忍著淚說，「現在我才知道，是我太天真了。」

不只是男人，人都是貪心的。誰不希望有人對自己好，最好自己什麼也不付出。殊不知你越是對一個人好，他就會越放肆，越覺得你對他的「好」理所當然、卑微廉價。你的真心在他心裡是被巧克力包著的果仁，沒有品嘗味道就囫圇吞棗地咽了。你為他低到塵埃也不會讓他為你停留一刻，他只想攀折高高在上的玫瑰，而你不過是碾碎在塵泥裡的草莖，縱使有赤子之心。

讓自己變得有價值，讓愛不廉價，在情愛關係裡不可忽視。我愛你，也愛我自己。我希望你好，也要讓自己變得更好。保持人格的獨立，你永遠屬於自己，要讓對方感受到你的愛真誠而有分量，他唯有珍重相待。

那一晚，我們開了一瓶四千多的紅酒，她絮絮叨叨說到淩晨兩點多。

她說：「今晚拼了，不醉不歸。」

我說：「你以前一千多塊的衣服都捨不得買吧。」

她說：「是的，但是現在不一樣了，從這一瓶紅酒開始，要為自己而活。」

我們總是在經歷過失望和失去之後，才明白自愛有多重要。這世上有兩種人，一種是愛自己甚於愛別人的，一種是愛別人甚於愛自己的。我卻希望你能先愛自己，再愛別人，然後去愛這個世界。一定有過難挨的時候，寒夜深冷，痛楚難眠，舊日時光裡難斬斷的情、難割捨的人，只是在教會我們更清醒、更決絕地往前走。而親愛的，我想對你說，那些你以為過不去的過去，都會過去。

愛一個人，也要愛他未來的樣子

與Ada聊起她的女兒，她說：「我希望她有一個健康快樂的童年，我會盡我所能給她安穩舒適的生活。我不希望她過早戀愛、過早獨立、過早成家……如果她想自由自在地做自己想做的事，我會一輩子養她。」

Ada的女兒今年七歲。每個週末，無論多忙，Ada都會準時回家，陪女兒看《爸爸去哪兒》。起初，Ada很反感看這類綜藝節目，是女兒告訴她，班上的小朋友都在看，老師還出了作業。Ada是單親媽媽，離婚三年，獨自撫養女兒。在三環買了間兩房的公寓，開車上下班，送孩子去最好的雙語學校念書。此外，還請了家庭老師和保姆，負責教孩子鋼琴與照顧生活起居。

獨立能幹的女強人，毫不吝嗇地把為數不多的柔情盡數給予珍愛的女兒。她說，不是她在陪女兒長大，是女兒在陪她慢慢變老。

Ada不缺男友，但她從不帶回家，因為她不想讓女兒看見。對Ada而言，女兒是她私人所屬。三年來，女兒不止一次問她，爸爸去哪兒了？每到此時，她只能忍著心酸告訴她，爸爸出差去了。時間久了，女兒便不再提了，但當母女倆依偎在沙發裡看節目時，她總是忍不住偷偷看女兒的反應，像個犯錯的孩子。電視裡的小女孩被爸爸抱在懷裡，呵護親吻，也不過是與她女兒相差無幾的年歲。女兒安靜地盯著螢幕，眼睛一眨不眨。Ada知道，遲早有一天，謊言藏不住，女兒會發現爸爸媽媽不在一起的事實。

Ada給女兒取名Apple，寓意「甜美可愛」。

有一天，Apple突然問她：「媽媽，什麼是愛？」

Ada想了許久，不知道怎麼回答，便說：「愛就是，媽媽和小蘋果。」

Apple又問：「那爸爸和媽媽呢？」

「也是愛。」Ada斟酌著說，「愛是爸爸、媽媽和小蘋果永遠幸福快樂地在一起……」

「可爸爸沒有跟我們在一起啊……」Apple的聲音陡然變得很難過，「媽媽，爸爸是不是永遠不和我們在一起了？」

Ada為女兒的早熟懂事心疼不已，忍不住落下淚來。沒想到小姑娘靜靜地看了她一會兒，突然緊緊地抱住她說：「媽媽，別怕，你還有我。」

那一晚，Ada久違地給女兒唱起兒歌，離婚之後，她很久沒有給孩子唱過歌了。就在她以為孩子已經睡著繼而停下來的時候，柔軟的小手突然摟住她的脖子，把臉貼到她的臉上，說：「媽媽，你唱的歌我聽過好多遍了，我教你唱一首新的吧。」

稚嫩的童音輕輕哼唱著《爸爸去哪兒》的主題歌，Ada聽著歌聲，忍不住問女兒：「寶貝，你想要爸爸嗎？」

孩子停下來，想了想說：「我想爸爸，我把他的照片放在書包裡，是怕長大之後忘記他長什麼樣子。」Ada強忍著淚，女兒又說：「可我還有媽媽，就算沒有照片，我也不會忘記媽媽的樣子……比起爸爸，我更想要媽媽。」

我與Ada徹夜聊天，聽她講為什麼離婚，離了婚之後的種種不易，獨自撫養孩子的艱難。所幸孩子很懂事，成績也很優秀。但正是因為懂事優秀，她總覺得非常自責。

「我以為我有一個這麼乖巧懂事的女兒已經很幸福了，別無所求，但這只是我的感受。我不知道我的孩子會不會覺得幸福，能不能理解我。」

有些大人總是想當然地為孩子安排好一切，學校、課程、環境、食物、衣服、書籍、玩具、夏令營……自以為給了他們最好的，卻不去想他們真正要的是什麼。給他們最周密的保護、最昂貴的教育、最細緻的照顧，卻不明白為什麼孩子還是不願意和自己親近。

無論是雙親家庭還是單親家庭，無論家庭氛圍溫暖融洽還是冰冷破碎，父母都應該將孩子當作心靈相契的夥伴來對待，而不是一件珍貴的私人藏品，抑或溺水時緊抓不放的浮木。孩子們有自己的想法和對世界的認知，不想被束縛與欺騙。平等、寬容、和善地與他們相處，引導他們，在給予的同時試著從他們身上學習和汲取……十年、二十年、三十年之後，他們會是你最親密、最能理解你的朋友。

我想對Ada說，自我感受同樣重要。如果自己都不覺得幸福，怎麼給愛的人幸福。當你的女兒說

「媽媽，別怕，你還有我」的時候；當她抱著你，將臉貼上你的面頰，為你唱歌的時候；當她把你的樣子深深記在心裡，說出比起另一個同樣給予她生命的人，更需要你的時候……日日夜夜、點點滴滴，她其實最愛你。因為有你，她才幸福。

「我還有媽媽，就算沒有照片，我也不會忘記媽媽的樣子……比起爸爸，我更想要媽媽。」

我們在一生之中，總是不斷地愛人和不斷地離開。你出生時見到的第一個人，她在陪伴你成長的過程中漸漸老去，在你學會愛的時候悄然離去。第一個抱你的人，第一個親吻你的人，第一個教你說話的人，第一個扶你蹣跚學步的人，他們在一生中給予你的深刻影響、沉重負擔、溫暖眷顧、良苦用心……當時不覺，過後深覺。

想起一句話：「愛一個人，也要愛他未來的樣子。」

儘管「未來」這個詞具有無盡的想像空間，但其實更多的人是活在當下，愛在當下。願意與一個人走向未來，卻未必會愛他未來的樣子，疾病、衰老、死亡……

曾經深愛的人，只記得彼此最初的模樣，貌似完美無缺，深情如水。記憶紛亂湮滅，面具碎裂，其實你愛的只是某一時空裡永恆凝定的幻覺，而非對方真實的屬性。

愛的本身是一種能力，可有多少人敢於將愛一直延續，至衰老，至死亡，直至打碎所有妄想幻覺，望盡深處。離別不只是為了重逢，但離別之後，必有重逢。

細雪葬江河，飛鳥有歸期。

在我的心裡，你一直都在

想對你說一些話，卻不知如何說起。

你走後的第三天，我一個人坐在你的房間裡，整理你的遺物。有我送你的手錶、眼鏡、襯衫，你心愛的手機，還有相框。我們拍的唯一一張合照，被你用相框框起來，放在床頭。我把買給你的菩提珠戴在手腕上，給你的手機續了費，相框擦完放在床頭櫃上……一切如舊，仿佛什麼都沒有變，只是少了你。

再也沒有了你。到哪裡去找你？

四歲，你讓我跪，因為我弄丟了你的鋼筆。我哭著跑出去，冰天雪地，不知道要去哪裡找。我哭著跑了很遠，跌倒在雪地裡，你卻沒有追上來。那是我第一次恨你。

七歲，我讀小學一年級。被同學打小報告，出去罰站，你來學校接我，看到我站在教室門口。我看見你的臉色很黑，眉頭皺起，眼裡有凶光。那一刻我希望你走，好過你罵我。

十歲，你為我辦生日宴。那一天，請了好多人，你穿著西裝，頭髮梳得一絲不苟，站在我身邊，向在座的親朋好友致辭。你說，你生了一個好女兒，你為我感到驕傲。那是我第一次覺得，你其實是愛我的。

十二歲，你喝多了回家。不記得有多久沒見到你了，你突然開門，看到我開著電視機做作業，便厲聲責罵我。我頂了你幾句，你氣得要拿煙灰缸砸我。我跪在地上，雙手抱著頭，害怕被煙灰缸砸到。你要我認錯，跪在地上寫保證書，我哆哆嗦嗦地寫道：爸爸，我錯了，我再也不敢了，以後一定聽你的話。

十三歲，我看到你醉酒打媽媽。我瘋了似的撲上去和你撕打，你指著我的鼻子罵我忤逆不孝。我憤恨地說不認你，你不是我爸爸。你被我氣得氣胸發作，住進醫院。我在病房門口不敢進去看你，你閉著眼，臉色蒼白，胸前插了根管子。我流著淚在病房外的走廊上蜷縮了一夜，在想你為什麼會是我父親。

十四歲，你在半夜打來電話，告訴我媽媽出車禍住院。你對我說，要照顧好自己。一連幾個月，從夏天到冬天，你都沒有來看我，一次也沒有。我執拗地不去找你，沒錢寧可向同學借也不跟你要。你一通電話都沒有，也沒有去看媽媽，後來我實在忍不住了去找你，你說你忙，讓人把錢給我就打發我走了。

十六歲，你要跟媽媽離婚。深夜喝得醉醺醺地來踢門，逼她簽離婚協議書。我咬著牙躲在被子裡聽著門被踢得噹啷作響，那時真想跑出去和你同歸於盡。媽媽抱著我，不讓我出門，我把拳頭塞進嘴裡咬出了血，發誓這輩子都不可能原諒你。

十七歲，你被人起訴，欠了很多錢，把大門反鎖，躺在屋子裡想自殺。那時我正備戰高考，已經一年多沒見到你。你突然打來電話，哭著對我說，爸爸對不起你。我擦乾眼淚對你說，如果你想死，我不會為你送終，你不配做我的父親。

十八歲，你送我去讀大學，背著大包小包。我們坐了一夜汽車到了天津，你把我送到學校，轉身就走。我看著你不再筆直的背影，默默地掉下了淚。

二十歲，你打來電話祝我生日快樂，我這才想起來那天是我的二十歲生日。你問我什麼時候回家。我說，等我賺到了錢，替你還了債。你沉默下來，然後把電話掛了。

二十一歲，我生病休學回到家，你終日愁眉苦臉、借酒消愁。我知道，你是在愁我，也是在怪我吧，怪我不爭氣，辜負了你的期望。屋子裡很悶，我們已經很久沒有說話了，我躺在房間裡，你坐在客廳裡。我帶著對你的畏懼和委屈睡著了，半夜醒來，聽到外面壓抑的哭聲，那是你。在夜深人靜的時候，在沒有人知道的時候，偷偷地為我哭。

二十二歲，我收拾行李去北京找工作。你大發脾氣問我：「就不能在家找個穩定的工作嗎？」我拒絕了你托人把我安排到社保局的好意，你把家裡的東西都砸了，把我和媽媽關在門外不讓我們進去。我拖著行李箱一走了之，賭氣對你說，不混出樣子絕不回來。

二十三歲，我把出版的第一本書送給你，你看也沒看隨手扔在一邊。我心裡是失望和難過的，想著既然你不在意，以後寫的書再也不送給你。直到有一天回到家，看到客廳的架子上擺放著一排我的書。媽媽對我說，這是你一本一本放上去的。

二十四歲，我辭職在家寫作，你對我的決定非常不滿，整天看我不順眼。直到有一天，你爆發了，說我再這樣下去就廢了，你算是白養了我。我特別傷心，你不懂我，從小到大你都沒有關心過我，你不知道我要什麼，也不在乎我要什麼。既然這樣，留在這個家還有什麼意思。我對你說，但願你別後悔生了我。

二十六歲，你催我找對象，說別人到你這個年紀都抱外孫了。我不知道如何跟你表達我的想法，即使說了你也不會理解，於是我們開始冷戰。我回家的次數越來越少，也很少給家裡打電話，我怕見到你，更害怕你跟我吵架。

二十七歲，除夕夜我帶你去買衣服。你摸摸這件，看看那件，嫌這件貴，又覺得那件不好，最後什麼也沒買。走在回家的路上，你一聲不吭，大步往前走。我看著你的背影想了想，跑回之前逛的商場，買了那件你握在手裡很久都沒有放回去的大衣。

二十八歲，我第一次帶你去旅行。我們一家人去了泰國，你看著陌生新奇的花花世界，開心得像個孩子。我們一起去看海，一起逛夜市，一起做泰式按摩，一起拍照。我對你說，以後的每一年，我都帶你去旅行。你笑著說，好。

二十九歲，我失去了你。最後一次看著你，你躺在病床上，渾身插滿管子。你睜著眼，滿眼是

淚，癡癡地望著虛空，渾身抽搐，臉上的肌肉劇烈地抖動。我看著你，我知道你要走了，但你捨不得。你有太多的話想對我說，我也有太多的話想對你說……我終於忍不住抱著你，對你說：「爸爸，別怕，我會一直陪著你。」

「爸爸，別怕，我會一直陪著你。爸爸。」

想把寫的書一個字一個字地讀給你聽，想對你說那些從來沒有對你說過的話，想帶你去每一個答應帶你去的地方……我總以為有時間，還有時間，等到你老了，等到我結婚了，等到我有了孩子，等到你走不動了……然而，我們都等不到了。

你等不到我披著婚紗、挽著你的手走向禮堂，等不到我生下孩子叫你一聲「外公」，等不到我帶你去看世界的每一個角落，等不到我看到你滿頭白髮的樣子，牽著你的手慢慢回家……你把自己弄丟了，你把我和媽媽拋下了。

時間都去哪兒了呢，而你，又去了哪裡？

以前，你老愛喝酒。生氣了喝酒，失意了喝酒，開心了喝酒，嫌悶了喝酒。我勸你少喝點，你總說人生得意須盡歡，不知道哪一天就走了，還不如喝個盡興。因為喝酒，媽媽沒少跟你吵架，吵多了，我總勸她，你這輩子沒別的愛好，就愛喝個酒，只要你開心就好。可是沒想到，我的勸阻讓你病入膏肓，我以為的為你好卻是害了你。

你最後一次看著我，想對我說的話，我知道。你想說，爸爸對不起你……早在十年前，在你想自殺前，對我說出這句話的時候，我就原諒了你。

爸爸，對不起……是我，對不起你。

我不應該任性地說走就走，不應該計較你對我的看法，不應該不關心你的身體，更不應該懷疑你不愛我。你走後的這些日子，我時常想起我們在一起的時光，吵架的時候，冷戰的時候，吃飯的時候，旅行的時候，你喝醉了躺在沙發上打呼嚕的時候，我拿著手機偷拍你，唯恐被你發現的時候……爸爸，你一定不知道，我有多麼愛你，多麼多麼地愛你……我只有你一個爸爸，你走了，我的靈魂也被帶走了。

你走以後，我再也喝不了酒。

看到酒就會想起你，想起你最後的樣子。我把家裡的酒都收了起來，你喝過的、別人送的、買了沒拆封的……全都收了起來，隨著你的遺物一起，永遠地封在了那個房間。日光之下，並無新事。那些過往的傷與痛、血與淚，被歲月擦拭、覆蓋，慢慢結痂，剩下永不褪去的疤痕。我知道，路還是要往前走，日子還是要照過，而你，隨著時間漸漸遠去的你，永遠埋在了我心裡的最深處。

我皮夾裡有一張照片，是你身份證上的照片，想你了就拿出來看看。人生百年，倏忽而過。你從我的家人變成了我的支柱；從我的父親變成了我的信仰。父母在，人生尚有來路；父母去，人生只剩歸途。無論來路還是歸途，餘生我都會走得很好。因為我是你的女兒，是你唯一的傳承。我在，宛如你在。

在我的心裡，你沒有離開過，你一直都在。

帶著媽媽漂洋過海出去浪

又是一年春節。

爸爸離開的第一年，我決定不在家過年，帶著媽媽去旅行。飛機起飛，目的地是曼谷。去年此時，我們一家三口去了清邁，那是我人生中第一次也是最後一次一家人的旅行。

走在曼谷的街頭，霓虹初上，街道兩旁是一家家燈紅酒綠的店鋪，應召女郎站在門口熱情地衝我們打招呼。此情此景似曾相識，媽媽微微歎息，說：「去年我們來這兒，你爸爸這邊轉轉那邊走走，你還說喜歡的話，以後每一年都帶他來……他再也不能來了，我們一家人再也不能在一起了……」

她很難過，我知道。這趟旅行本是為了讓她散心，此時我卻說不出一句安慰的話。她說完，沒有再開口，周遭熱鬧歡愉的氣氛和我們格格不入。站在異國街頭，我們就像兩隻受傷的動物被驅趕到一片陌生的叢林。周圍人來人往，說著聽不懂的話，偶爾對我們回頭一笑，我們也只能回以禮貌而僵硬的笑。

街上到處張燈結綵，寫著中文招牌的餐館門前車水馬龍，集市上每個攤鋪前都掛著中國結，一派喜氣洋洋。背著大包小包的中國遊客穿梭在夜市中，把一件件紀念品塞進包裡。我摸了摸手腕上的菩提珠，這是去年過年在清邁逛夜市時給父親買的。猶記得他當時愛不釋手，戴在手腕上沒有再摘下來。回國後逢人便說，這是女兒帶他去泰國買的。短短一年，這串珠子便戴在了我的手腕上，連同他的手錶、眼鏡，這些平時隨身攜帶的貼身之物，都被我一直帶在身邊。

我們沉默地走在街頭，不時地有人迎面走來，對我們說「新年快樂」。身在異國他鄉，來自不同國家、不同地域的人歡聚一處，隨著喧囂的煙花聲、鑼鼓聲，心中的惆悵也漸漸淹沒在人海裡。

「我們以後每年過年都出來吧。」我對媽媽說。

「哪兒都沒有家好。」

「可家裡只有我們兩個人，連吃個年夜飯都沒意思。」

媽媽深深地看著我，半晌沒說話。她眼裡有淚，我裝作視而不見。

「走吧。」我拉著她的手，「找一家熱鬧的餐館，我們去吃年夜飯。」

我們找了一家最熱鬧的中國餐館，裡面座無虛席，還要等位子。我和媽媽轉身要走，服務員用流利的中文對我說：「不介意的話，可以併桌。」見我們還在猶豫，又補充了一句：「打八折。」

我們和兩個中國人拼桌，對方也是一對母女。那位母親滿頭白髮，問了下年紀，七十八歲了。她們也是兩個人出來旅遊，前幾年爸爸走了，女兒便帶著媽媽出來旅行，今年已經是第四年了。

「每一年我都帶我媽媽出來旅行。」文阿姨說，「再過兩年她就八十了，坐飛機不太方便，我就想趁著這幾年，帶她把她想去的地方都去了。」

文奶奶笑呵呵地看著女兒，看起來很幸福。

「你沒有其他兄弟姐妹嗎？」媽媽問道。

「有一個弟弟，但是在國外。」文阿姨說道，「他很忙，也沒時間照顧老人。我爸走了後，我就把我媽媽接過來跟我住，我們母女倆想去哪兒就去哪兒。」

看她的年紀應該有家庭了，我很想問問那她的家人呢，但礙於隱私不方便問，沒想到文阿姨像是看出了我的疑惑，坦率道：「我離了婚，有個女兒在國外念書。現在一個人，提前辦了退休，也沒什麼事，所以有時間帶老太太出來。要不然像我們這個歲數，有家庭有工作的，自己都顧不過來呢，哪有時間和家人出來啊。」

聽著文阿姨談笑風生，我對她真心佩服。她說她最大的快樂就是旅行，最大的幸福就是帶著媽媽去旅行。

「泰國我都來三次了，老太太是第一次來，看什麼都新鮮。」文阿姨樂呵呵地稱呼她媽媽為「老太太」。

「這丫頭……」文奶奶笑著數落。看得出來，母女倆感情很好。

我和媽媽相視一笑，彷彿看到了我們以後的樣子。

文阿姨說：「你們母女倆也是來旅遊過年呢？」

我點點頭：「跟你們一樣。」

文阿姨微歎一聲，沒有再問，想來已經猜出了點什麼，但她沒有繼續這個話題。我們一邊吃飯，一邊看著轉播的春晚，文阿姨時不時地給她媽媽夾菜。吃飯的時候，我注意到文奶奶的動作不是很自然。

文阿姨說：「我媽在我爸走的那一年中了風，雖然恢復得很好，但她的行動還是會比較遲緩，走路時間長了要人攙扶。」

「那怎麼還帶她出來呢？」媽媽忍不住問。

「她想出來啊，就是個老小孩，不帶她出來就跟我鬧。」文阿姨笑著說，「我媽在我爸走之前從來沒有出來過，我爸生病那幾年，她衣不解帶地照顧他。等她身體好些，我本來是想帶她出去，在周邊散散心，醫生也說不能老悶著。結果玩上了癮，在家時間一長，要是不出來就難受。為了她的身體健康，我們吵了好幾次，最後擰不過，就想還是開心最重要，她高興比什麼都強，誰讓她是我老娘呢！」

文阿姨快人快語，性格非常爽利。我們聊得很愉快，她們後天一早回國，於是我們商定，明天兩家人一起出遊。

回酒店的路上，我對媽媽說：「我們是不是挺像文阿姨和她媽媽的？」

「你還是個小屁孩兒呢。」媽媽摸摸我的頭說。

「我說以後。」我握住媽媽的手，「爸爸雖然不在了，但你還有我。以後的每一年，我也像文阿姨帶著她媽媽一樣，帶你出來旅遊。」

「我還沒老呢。」媽媽呵呵一笑，「你最該做的事就是趕緊找人嫁了，將來帶著我和你的孩子一起出來旅遊……」

我們邊說邊笑，起初的傷感和陰霾隨著這頓特別的年夜飯淡去了，取而代之的是對未來的期許和展望。不管人生經歷多少落寞和失去，日子還是照舊要過的。這世間的火樹銀花依然這麼美，該過的年還是要過。而你和我，或者我們，也要在新的一年許下新的願望：昨日已去，從今天開始，我們都要幸福快樂地過，把悲傷丟給昨天，把喜悅帶到未來。

以後的每一年，我都要帶著媽媽漂洋過海出去浪。

你若決定燦爛，山無遮海無攔

工作告一段落，我決定啟程前往暹粒，因為想要瞭解吳哥窟的文化。蔣勳曾多次去吳哥窟，還找了徐克、林青霞等一起遊覽，小住一段時間，分享認知，調養心性。多年前看奧修的《蓮心禪韻》說：「死亡是花朵，生命只是樹木。樹木的存在是為了花朵，而花朵的存在並不是為了樹木。當樹木開花，它應該感到快樂，它應該跳舞……」

非常深奧。我對道的認知，對宗教文化的認知，過去源於書本，現在更願意用實踐獲得體悟。

在暹粒，到處可見甜美的瓜果、新鮮的蔬菜，太陽非常熾熱，三角梅開得美而旺盛，一家家小小的門店，街邊站著拉客的服務員。老外很多，來度假或者朝聖，他們對佛教文化很感興趣，認真地觀摩和拍照，在隨身攜帶的筆記本上做記錄。中國人大多是走馬觀花地看，拍幾張「到此一遊」照，很少有人在某個地方駐足停留，探尋廢墟深處的遺跡。

高棉時代的佛教建築，呈現出宗教式的莊嚴和肅穆，一尊尊佛像，微合雙眼，俯瞰眾生，如此悲憫。我長久地站在一尊佛像前，它仿佛在對我微笑，又仿佛在輕聲歎息。它們在歷史的長河裡歷過多少苦難，看盡多少人間滄桑。

生命有如渡過一重大海，我們相遇在同一條窄船裡，死時，我們同登彼岸，又向不同的世界各奔前程。

這是泰戈爾的一句詩。一早爬起來去看日出，風中透著絲絲涼意，寺廟前的蓮花池浸潤著靜謐的光澤，碧水清波，一片澄澈。五座尖塔在微亮的天際形成山巒般的黑色剪影，仿佛神的傑作。不期然地想起這句詩，彼岸前程有如佛法幻境，映照出心中所想。懷念死去的人，若干年後，自己也要走同樣的路，彼岸是否有人在引渡我。

在崩密列，時光仿佛靜止了一般，迷境般的森林裡，四處可見廢墟。古老的石像坍塌成碎石，參天大樹掩映了斑駁的痕跡，雜亂叢生的樹枝阻隔了千百年前的腳步聲。時間定格在磚石傾倒的瞬間，

大樹環抱著城門，苔蘚掩住了飛天舞者溫柔的表情。

萊蒙托夫說：「一座神廟，即使荒蕪，仍是祭壇。一座雕像，即使坍塌，仍然是神。」

走出吳哥窟的一剎那，巨大的太陽籠罩在頭頂，有孩童跑過來，手裡拿著香蕉和明信片，對我說著中文。我向她微笑擺手，她一路跟隨我，於是我給了她一美元，她把手中的香蕉塞給我，一路歡天喜地地往回跑。我看著她遠去的身影，頃刻間，烏雲密佈，傾盆大雨落下來，司機叫我上車。回到車裡，隔著密集的雨簾看著在雨中嬉耍的孩童，他們仿佛習慣了這樣變幻莫測的天氣，渾身濕透仍不以為意，為賺到一美元開心地手舞足蹈。

他們燦爛的臉，驅散了雨天的陰鬱，也驅散了我心中的傷感。

彼時，距離父親離開已經有三百天。三百個日夜裡，沒有睡過一天好覺，選擇獨自來吳哥窟，需要莫大的勇氣。不願面對自己的懦弱與傷口，只有在肅穆的佛像前，長久地跪伏祈求。想問一問，父親是否已經抵達彼岸，想問一問，父親在彼岸過得好不好。他還那麼年輕，走的時候頭上沒有一根白髮，他英俊的面容如在眼前。午夜夢回時常常見到他的臉，就這樣在黑暗中驚醒，默念他的名字，痛惜不捨。

有小沙彌走過來往我的頭上灑聖水，口中念著經文，執起我的手腕，為我戴上紅繩，為我祈禱。我長跪不起，彷彿只有這樣才能讓心裡好受點，但也不過是一場徒勞的自我安慰。

我們每個人終將面對死亡，誰也不能倖免。有人早一步，有人晚一步，這是我們的宿命。我曾經覺得上天不公，為何早早地奪去父親的生命，他那麼年輕，那麼善良，還沒有看到女兒成家，沒有享受過天倫之樂……可是，當一切散盡，當小沙彌執起我的手，口中默念經文，我彷彿看到了曾經軟弱無助的自己，擦乾眼淚努力奔跑。我知道，我已經離過去的幸福生活越來越遠，但我也知道，要努力去創造一切未來幸福的可能。

「你若決定燦爛，山無遮海無攔。」

要如何翻過山跨過海，找到靈魂的深淵？其實不需要，因為山海就在心中，深淵也在心中。

失去的，得到的，都是我們錯過的

深夜，一個人重溫《海角七號》，優美的旋律在室內回蕩，心事如煙，轉瞬即逝。不禁又想起另一部電影《送行者：禮儀師的樂章》，終於明白了一句話：「失去的，得到的，都是我們錯過的。」

那年七月，天很熱，我回去參加叔公的葬禮，遇見了青梅竹馬的兒時玩伴。他長得很高大，有一份體面的工作，已經娶妻，女兒很快就要出生了。他褪去少年時的青澀和稚嫩，看上去意氣風發，成熟端重。十多年來，他一直是我心儀的男子類型。

在我的小說中，他的名字叫濂。如今已是三十多歲的人，我們或許一生都不會再見。難忘對他的最初印象，「平和的臉，尋不到一絲青春跋扈的痕跡。仿佛洗盡鉛華的歸鶴，尋得了一處安棲的綠

灣，於晚陽下孤獨站立，便能長長久久，了度此生」。

那時覺得，少年人總以為愛太缺乏，最後越過思念這一層才發現，愛是苦難。

二十歲時，很多事看得還不夠分明，認為感情是最重要的，卻也是最容易放棄的。生存的壓力迫使我們做出了一些看似殘忍的決定，對別人不公，對自己何嘗不是一種悲哀。

我一直喜歡他，這種喜歡在他成家之後依然沒有變。我們許多年未見，我知道我們之間的關係已經發生了實質性的改變，正如他的面孔，也在隨著內在改變。而我要認定的是，我喜歡這個人的少年、青年……他一直在我的記憶中，保留著最初的印象，這就足矣。

生於世，空虛有時，寂寞有時，彷徨有時，荒蕪有時。

人至暮年，再回首，才發現最重要的莫過於感情。

叔公一輩子沒有娶妻，一個人過著閒雲野鶴、避世安然的生活。我的家族，似乎每一代都會出現一個與俗世格格不入的人。從工作中抽離，不與人交往，過自己想過的生活。對待感情偏執專一，愛一個人就會愛到底，不再接受其他任何人。

叔公年輕時深愛過一個女人，而那個女人後來嫁給了別人，這成了他一生揮之不去的隱痛。如果說前半生避世是因為放不下愛情，那麼他的後半生則是為了自己。我不知他是否明白，守愛是很難的。這麼多年的孤獨、誤解、嘲笑、封閉……一個男人如何挨過，多少人在他背後說閒話，就連親人也對他多有非議。

他走時沒有留下遺言，枕下是一片枯萎的楓葉。那是他已死的愛情。

人的迷惘與年紀無關。你迷惘是因為不知道自己想要什麼，什麼是人生中最重要的。小時候以為是夢想，長大後以為是需求，老了才知道，是感情。人的一生中最重要的就是感情，無論得到還是失去。

這一生，我們永遠不知道，誰是陪著自己一直走下去的人。

我在葬禮上見到他，那種心情猶如走過千山萬水，看到海已消失，花已凋謝。少年的情就這麼散了，錯過是註定的。我知道這是必然的，即便有一次可能，我們靠得很近，結果也一樣是失去，一樣是錯過。我漸漸明白，放手是比執著更艱難的決定。看他安好，看他轉身，然後，給一個微笑。這就是我能做的所有事。

人生中有太多太多事，因過而錯，因錯而過。生命的困與苦，源於你擁有的並不是你應得的，得到的不足以彌補失去的。情緣的深淺，不是天定即可作數，卻偏偏是天定便可收場。每個人都是歲月的送終者，得到溫情似水，忘卻幾度風雲。

電影裡，他給她寫信，一封一封。

一九四五年，郵輪，海上。

他說：「我會假裝你忘了我，假裝你將我的過往像候鳥一般從記憶中遷徙。假裝你已走過寒冬迎接春天，我會假裝……一直到自以為一切都是真的。然後，祝你一生永遠幸福。」

那一疊信被他鎖在房間的抽屜裡，直到他死後被女兒發現，漂洋過海，在六十年後回到愛人的手中。那些遲到的懺悔與告白，跨越時間、地域，最終成全了一對男女的愛。

鏡頭轉換，他給他做最後一場儀式。撫摸、清潔、擦拭，掰開緊握的手，作為兒時回憶的石頭被父親握在手中。他終於明白了父親對他的愛，這枚石頭是他們的約定。三十年之後，面對父親的遺容，為他入殮，將他手中的石頭交到妻子手中，護佑未出世的孩子。

每個人都有自己的回憶，回憶收聲，歲月有痕。我們是被時光遺忘的人，也是時光的拯救者。無力或煽情的剖白，首度開腔的勇敢，對世事的無畏堅持，都是對生命最重要的修復與敬畏。

註定無眠的夜，想起那些舊事，舊事裡的人和塵封的少年情。我知道，我終究要面對一個人的時間荒涯，將擱置已久的情感擱置於人跡罕至的虛空。我亦知道，你會在不同的路上與我做伴，最終平靜釋然。

人生是一段沒有退路的旅程

跟Z聊天，談到我們現在的困惑，他說有一種鈍痛感。Z家境富裕，創業拿到融資，這輩子不愁沒錢花。工作之餘有大把的時間到世界各地打卡，他喜歡挑戰各種極限，去過亞馬遜叢林，到過南極，看過肯亞動物大遷徙，拍過秘魯原始部落。他說，這個世界上好像沒什麼能難倒他的，但他還是覺得困惑。我說他這是有錢人的煩惱，都是自找的。Z點了點頭：「你說得也對。」

每一個人生階段都有特定時期的煩惱，困惑有時，彷徨有時，貪戀有時，迷惘有時。五歲的時候，只是想要一顆糖果，坐在家門前等著那個賣糖果的人，便覺得滿心歡喜。二十五歲的時候，發現糖果哪裡都可以買到，放入嘴中，偶爾還會品出微微的苦味。三十五歲的時候，收到一盒子糖果，不想打開，因為生活的苦味不足以用一種甜覆蓋。

快到三十歲的時候，感覺身體並未發生明顯的變化，那種衰老的狀態、哀涼的情緒未曾出現。每天照舊幾點起床、幾點吃飯、幾點洗澡、幾點睡覺，一切遵循既定規律。只是對人事愈加淡漠，情緒不會輕易波動，比起外界的變化喧囂，更注重內在的訓練和自省，讓自己不再特立獨行，平和地與人相處，對親人也是如此。

大概是因為經歷過失去，所以覺得沒有什麼是不能承受的，甚至為死亡做好了準備。這種狀態沒什麼不好，相反很成熟，是一個人獨自走長路必需的訓練。走過了懸崖，迷失過荒野，重走人間大道就不會再害怕，有的只是坦蕩。

有一晚做夢，夢見下著雨的深夜，獨自出門玩耍，一路跑到山崗。跑著跑著鞋丟了，夜風吹起單薄的衣衫，看著掛在山腰的月亮，不知道為什麼很想把它摘下來。雨依舊下著，淅淅瀝瀝，撲打在臉上、腳上，非常冷。看著山的影，淡的月，一直跑，不知疲倦。醒來的時候天還沒有亮，一輪彎月掛在天空，想著那個夢，靜靜地看了許久。人是天上人，影是月中影，不知是在現實還是夢裡。就這樣靜坐到天亮，看月亮隱去，太陽升起，晝夜交替，心中有一粒種子破殼而出，種下了一棵小小的樹。

幻覺是擋不住的風，吹進了心的深淵，長出情感綿長的花朵。

後來再遇到Z，他說他剛從尼泊爾回來，那裡剛經歷過一場地震。他說地震的時候他正在一座寺院中，屋樑上的柱子毫無預兆地砸了下來，他差一點就被砸中埋在那片廢墟裡。這樣生死一瞬的場面他經歷過很多次。地震發生後，他一直留在尼泊爾，是最後一批離開的外國遊客。他說他是自願的，那邊物資匱乏、急缺人手，他留下來當義工，參與震後的救援工作。與死亡擦肩而過的那一瞬間，他想到的不是賺的那些錢，不是曾經的輝煌與成功，不是命丟了再也不能看到這個世界的遺憾，而是他在寺院中看到的那一幅沒有看完的壁畫。

他說，人在臨死之際想不到那麼多，而這次死裡逃生，幫他解開了之前的困惑。我問為什麼。他說：「生與死只隔著一道門，我們都在門裡面。比起生的困惑，更應該去思考困住我們的是什麼。」見我一臉不解的樣子，他換了種說法，「不是我們感到困惑，而是我們被什麼困住了。如果怕死，那就是被活著困住了；如果想賺錢，那就是被錢困住了；如果恐懼衰老，那就是被時間困住了。再比如我，一直到各個地方尋找刺激，其實是被無聊的人生困住了……我害怕虛度此生，這就是我的困惑。」

人生是一段沒有退路的旅程。走過那麼多地方才懂得，我們走過的路是我們種下的果，每一處險隘、每一段歷險都是完善人生的一次華美跳躍。看似美好平靜的原野都會有峰巒疊嶂的起伏，看似紅塵世外的小城都會有普度眾生的傳誦。那一盞不滅的燈火，讓你浸染寒霜之後獲得些許溫暖，也讓你在風燭殘月的盡頭懂得，我們的一生，都在與自己邂逅。

願風指引我的道路

家裡的茶花開了，時隔三年，我再一次看到它綻放。小半年沒有回家，趁著出差的間隙繞道回去了一趟，看到門前花團錦簇，綠枝抽出嫩芽，菖蒲長得旺盛，一片靜謐祥和。鄰居阿婆看到我回來，親切地向我打了聲招呼。走街串巷的小販推著車停在我家門前，對我笑了笑，隨手拿了兩個果子讓我嘗嘗。

離家歸來，一切未變。門前的紅燈籠迎風飄搖，春節時貼的對聯被風吹起了一角，伸出手輕輕抹平。面對著熟悉的家，我卻遲遲沒有推開門走進去。

從前讀書、外出工作，一年才回一次家。哪怕坐車經過，也不會想中途下車回去看看。這兩年，工作越來越忙，經常出差，卻算著日子，每隔兩三個月就回去一次。家中親人一個個走了，長輩們漸漸老了，年輕的一輩都在外地打工、求學，能見面敘舊的越來越少。即便如此，我每年也會至少回去三四次，待個幾天，看看長輩。天氣好的時候出門轉轉，看看熟悉的老街道、舊學校，偶爾會去墓地掃墓。

幾個重要的南方節日，我是一定要回去的。春節自不用說，除此之外便是祭祀的日子，清明、上元、重陽、冬至。以前從未重視這幾個節日，也不曾回去過，直到父親走了，我才體會到其中的深意。

提前準備好祭祀的用品，置辦飯菜，有肉、魚、青菜、豆腐四樣，俗稱「四小頭」。疊好銀圓，如果是父母離世，子女一定要親自動手疊給他們銀圓，以示孝心。疊得越多，他們得到的就越多……這些祭祀的規矩和習俗都是老人們一點一點告訴我的。

我在大伯的帶領下，端著給父親做的銀圓和飯菜去了墓地。再過幾天就是清明節，墓園裡陸陸續續有人來掃墓，墓碑前擺放著鮮花和水果。我們找到父親的墓，大伯清掃了下周圍的落葉和塵土，我從車上拿出準備好的物什放到墓碑前。將帕子放到清水裡浸了浸，擰幹後開始擦拭墓碑。父親的照片有了斑駁的泥漬，我一遍遍擦拭，直到照片變得乾淨清晰。

將「四小頭」放在他的墓前，倒了一小杯酒，點一炷香。我跪在墓前，開始燒銀圓。沒有任何聲音，在一片沉靜的火光中，完成了整個儀式。火越燃越盛，燒著的紙錢隨著灼熱的火苗升上高空，漸漸飄遠。我們默默地看著，沒有言語。良久，大伯說了聲「好了」，正好是一炷香的時間，所有的紙錢都燒沒了。我們把供奉的飯碗收走，我將路邊採摘的野花放在墓碑前，然後跪下去，磕了個頭。

回家的時候，下了場小雨。走到家門前，看到茶花在風雨中微微搖擺。這株茶花還是那年父親帶回來的，只開過一次花，後來不知怎麼就枯了。見到它再次迎風而立，開出一簇簇粉白嬌豔的花朵，我忍不住俯身觸摸。人的生命就如花一般脆弱，花遇到泥土和雨水尚且能活，而人呢，人死之後便不能複生。

除了生命不能挽回之外，好像這世上也沒什麼遺憾不能盡足的事。過往的路上，受了多少劫難，歷了多少滄桑，悟了多少情緣，到頭來不過相逢一笑泯恩仇。多想學那閒雲野鶴，於山水間輕輕掠過，不驚擾了誰，不妨礙了誰。城市的煙火太迷離，寧可守著炊煙過一生。

想起二十歲離家時，未曾體悟生之艱辛。一切都是美好的，春的景、夏的情、秋的意……就連至冷的冬日，也是一場平和的守望，多麼好。有些東西珍藏在心中，美麗的依舊美麗，醜陋的也讓美麗取代。人之一生，如東升西沉的太陽，無所謂停留，無所謂崇高，都是要落下去的。

「人生短暫，猶如朝陽至日暮。覺得累了，試著放下行囊。」

於是，我終於推開了那扇門。一切如昔，只是沒了煙火氣，沒了那個人。院子裡的綠植完好地生長著，大多數花還沒有開。風雨漸歇，月亮爬上樹梢，我一個人在院子裡坐了好久，輕輕地擦掉眼角的一滴淚。

一生中有多少時間能跟至親至愛的人在一起，就算用盡全部的力量，燃燒著一顆赤誠的心。生命如花般在掌心中開放又凋零，在最美的年華裡，誰沒有過最深的悵惘與隱痛。即便是路過風叢，在萬家燈火下焚滅歲月的淺傷，於寒冷薄冰中匍匐而行，也不後悔。

願風指引我的道路。

你一生遇見幾個人

聽說每個人的一生中都要遇見四個人：第一個人，你愛他但他不愛你；第二個人，他愛你但你不愛他；第三個人，你愛他他也愛你，但你們最後不能在一起；第四個人，你未必愛他，但最後你們走到了一起。

L是我的同學，到目前為止，前三個人她都已經遇到了。

第一個人是她在大學暗戀的同學。那時候她喜歡崔始源，那男生長得跟崔始源很像，L每天準時去食堂打飯，去圖書館自習，就是為了跟他偶遇，多看他幾眼。L在家是小公主，前二十年的人生裡，她從沒有討好過誰。沒有談過戀愛的L將第一個暗戀對象當作自己的初戀，連對父母都沒有對這個男生好。可對方不為所動，明明知道她的存在，也知道她喜歡自己，但就是沒有表示。L堅持了三年，直到大四考研究所，才痛苦地放棄。畢業收拾行李時，L把那一封封寫給對方卻沒有送出去的情書，那件親手為對方織的毛衣都扔進了垃圾桶。她大哭了一場，連畢業典禮都沒有參加，狼狽地離開了初戀開始的地方。

第二個人是她讀研究所時期的學長。大學畢業後，L去了西安念書，認識了同系的學長。學長人很好，她剛去西安時就是他接的機。L初來乍到，人生地不熟，學長帶她逛遍了西安的名勝古跡，吃遍各種美食小吃，她去西安後的第一個生日就是學長陪著她過的。這麼細心又暖心的學長，L愣是對他沒有感覺。當學長在下著雪的耶誕節向她表白時，L拒絕了。自此以後，學長還是對她好，但兩個人的情誼卻再也回不到最初了。

第三個人是她工作後的同事。讀完研究所，L去了上海一家外企工作，在那裡認識了非常優秀且志同道合的同事。對方畢業於耶魯大學，經濟學出身，為人彬彬有禮，非常紳士。巧的是，他和L來自同一個省。L對這位海歸同事非常滿意，認為終於找到了今生伴侶。兩個人雖然在同一家公司，但因為分屬不同的部門且工作繁忙，所以並不經常見面。即便如此，L還是決定要努力抓住真命天子。

她每週末去對方常去的網球館學打網球，做瑜伽、學英語，努力讓自己更有氣質。經過大半年的接觸和努力，L覺得對方也對自己有意思。但就在兩個人準備試著交往的時候，對方突然接到總公司的調令，被派到美國工作。於是L的第三朵桃花，還沒開就謝了。對方走的時候，L大哭了一場，她已經是二十八歲的熟女，不可能天真地一等再等，他們的關係就此止步於現實的阻隔。

這是L的三段戀情，遇見了三個人，但一次戀愛都沒有談過。我相信，與她有相似經歷的大有人在。L說，她寧願做一隻青蟲也不做蠶。因為青蟲長大後能變成穿花的蝴蝶，而蠶長大後卻是撲火的飛蛾。

並非所有的愛情都能開花結果，天時、地利、人和，有一樣抓不住，愛情就開不了花、結不了果。認識的人說，L缺的是運氣，我卻不這麼認為。和這三個人中的任意一個修成正果，她都未必快樂。去愛一個不愛你的人，你會為他失去自我；去愛一個你不愛的人，你同樣不會幸福；兩個人相愛卻不能在一起，更會抱憾終身。只有相愛的人努力走到一起，才能讓自己真正快樂。

S是我的同事，她和L相反，沒有遇見前三個人，她直接遇到了第四種愛情模式。她和男朋友是高中同學，認識了很多年，直到最近才確認在一 起。因為知根知底，他們打算過陣子就結婚。在成為戀人之前，S和男朋友是哥們兒的關係，她會把工作上的難題、感情中的煩惱都告訴對方，他們之間沒有秘密。

「可一旦做了戀人，我和他的關係就變了，再也回不到之前的親密了。」

「是不是因為你們成了情侶，你就不便再把所有的心事分享給他了？」我問她。

「是的。」S說，「從前他像大哥一樣，我跟他說那些心事，也是希望他能幫我分析解惑。現在再跟他說那些，反而會增加和他之間的誤會，讓我們的關係變得複雜。」

「可這麼多年來，你們不一直是關係最親密的人嗎？」

「正是因為太瞭解彼此，才會看到對方身上的問題和缺陷。從前對朋友說的話，現在不一定能對戀人說。」

「那你愛他嗎？」我問。

S歎了口氣：「這麼說吧，我其實並不愛他……和他在一起是因為年齡到了，他最適合。」

S的男朋友是她未必愛，但最後卻在一起的人。我問她：「不愛怎麼能在一起呢？」

她說：「愛是一回事，在一起是另一回事。」

同樣的話，我問過L。L說：「如果我不愛他，為什麼要跟他在一起？」

果然，愛情觀截然不同的兩個人，她們的愛情經歷也必然不同。

我們的一生中，都會遇見這四個人。也許前三個你已經遇見了，第一個你喜歡他，他不喜歡你；第二個他喜歡你，你不喜歡他；第三個你們彼此喜歡，但不能在一起……那第四個呢，我希望這個人喜歡你，你也喜歡他，你們還能在一起。

Part___04

願
那些抓不住的過往，都成為回憶裡的糖

和你並肩看星空，只談夜色與微風

一個人給我來信，說：「上帝創造男女是為了讓彼此走散再重逢。我們都是殘缺的，來到這個世界，就是為了找到自己的另一半，這樣才是完整。」

收到信的日子是白色情人節。他是在對我暗示什麼嗎？我不知道，也沒有心思去猜。那封信被放在書房的抽屜裡，再也沒有打開。

初戀結婚了，他在朋友圈曬了鮮花和戒指，交握的左手右手上，鉑金戒指閃閃發亮。

去年今日，他在成都，我在上海，因父親病危我回了家。我們有兩年多沒聯繫了。他看到我朋友圈發的消息，發來微信：「你怎麼樣？需要我回來嗎？」彼時心情太差沒有回，他打電話來也沒有接。

算算認識他已經十五年了。從懵懂的花季少年到成熟的而立之年，人生近一半的年歲和這個人在並行的軌道上前行，當中幾次走散幾次重逢，曾經給對方寫一封信會覺得緊張羞澀，而今躺在彼此的朋友圈裡，連一句問候的話都無法發出。

到底是什麼拉開了我們之間的距離，是時間，還是不再喜歡的心情？

他問：「你怎麼樣？」一連數日，我的心情實在太糟糕，回過去的只是兩個字：「還好。」「那就好。」他說，「如果你有需要的話，我就回來……」我關掉手機，沒有再回覆。

最難的時候，自然是希望有人在身邊，如果這個人對自己很重要，或許再難也不會倒下去。他的話對我不是沒有誘惑，可是他不是我的男友。年少的戀人，於我只是美好的回憶，而不是現實的依靠。

夜深，微信的提示音再次響起，不用猜也知道是他。

「睡了嗎？」

「沒有。」

「我也沒有。」

「你還好嗎？」

「想聽真話嗎？」我逗他。

他沒回覆，過了許久，螢幕再次亮了：「還在醫院吧？」

「嗯。」

「我回去吧，陪陪你……」

見我一直沒回，又發了一個調皮的表情。

「你過得好嗎？」我試圖轉移話題。

「不好，但肯定沒法跟你比。」他說，「我分手了。」

我知道他之前有一個女朋友，已經到了談婚論嫁的地步。那個女孩長得很漂亮，家世也好，他經常在朋友圈發他們兩個人旅行的照片，看得出來，他很愛她。

「為什麼會分手呢？」我問。

「我也不知道，本來都要結婚了，她突然跟我提出分手。」我不知道如何安慰，何況那時候我也沒有心情安慰別人。「算了，不提了。」他繼續說道，「我這幾天一直在想，也許是我不夠好、不夠細心，沒有發現她對我的不滿。等到快要結婚了，才想明白不能嫁給我，在定親禮上拒絕我……我覺得我挺失敗的。」

「別這麼想，這對你不一定是壞事。如果等到結婚了再發現兩人不合適，那不是更麻煩。」

「說得也是。」他停了片刻，繼續道，「我這些日子一直失眠，一想起和她朝夕相伴的時光，就覺得非常難過。這份感情我投入了太多，沒想到是這樣慘澹的收場。我媽被刺激得住了院，她本來身體就不好，得知我婚禮泡湯氣得暈倒了……都怪我太自私，很少關心她，這麼大了還讓她替我操心。」

「所以你更要好好的，打起精神，為了你媽媽，也要振作起來。」

「你也是。為了我們的媽媽。」

那一個月，直到父親去世，我們幾乎每天晚上都聊到通宵。彷彿這樣一直聊下去就能驅散情感上的陰霾，就能忘了那些帶給我們傷痛的事實。我和他似乎又回到了過去的時光，每天在課堂上用小紙條傳話。我們是初中同學，他坐在我斜後面，我只要一轉頭就能看到他。我們常常名次考得很近，老師每次點我的名，全班都會喊他的名字，反之，亦然。

看上去像是小孩子的玩鬧，但又不像。他會把他的物理錯題集借給我，很細心地用不同顏色的筆整理出重點，我也會把我的作文給他看，寫下對作文命題的心得。我們每天放學一起回家，他在校門口等我，我們並肩推著車慢慢地走。有認識的同學經過，吹一聲長口哨，我們兩個相視一笑，那種隱藏的甜蜜和喜悅澆灌出了一朵小小的花，越長越茂盛，越開越美麗。再然後，我們分開了。初三分班，我和他被分到不同的班級。中考壓力太大，我的成績掉得厲害，於是決絕地寫了一封分手信。

「那時候，」他說，「我拿著你的信哭了一晚上，怪自己太傻……」

現在想想覺得有點好笑：「那時候我不是真心想跟你結束的，但我沒辦法。」

「我知道，其實中考結束我就明白了。但我還想跟你考同一個學校，重新追你。」

我們最後還是沒有考進同一所學校，他去了一中，我去了二中，我們就此斷了聯繫。分開的這些年，偶爾聽到他的消息，談了幾個女朋友，去了哪座城市發展。這些都是從別人口中得知的，直到我去了上海，有一天突然接到一個電話，他說：「是我，我來上海出差，你方便出來坐坐嗎？」

他是從杭州繞道來上海的，晚上還要坐飛機回成都。一別多年，故人重逢，年少的樣子在回憶裡搖曳，二十多歲的我們在對方的眼中會是什麼樣的呢……那一天，我的心一直懸著。也許是愛美之心作怪，也許是別的說不出的情感，我掛了電話之後化了妝，換上新衣服。就當一切似乎要往一條軌道上彙聚時，突然戛然而止。電影也演不出的劇情在我身上發生了——我的手機出了故障，和他失聯了。

等到我們再次聯繫上的時候，他已經回了成都。一場意外，在彼此的心裡彷彿埋下了「註定」的種子。我們又回到了各自的軌道上，一個在上海，一個在成都，逢年過節互道祝福，除此之外別無他言。直到他有了女友，直到他要結婚，直到他分手，直到他說：「如果你需要，我就回來……」可是，我已經沒有再愛一次的勇氣了。

我突然想起那句一直憋在心裡的話：「老天還是沒有讓我們在一起。」

這句話，在他遇到新的人、結婚，我看到他發的照片時，再次在我的心裡迴響起來。但我什麼也沒有說。我們共同的初中同學，結婚時邀請了我和他，他當伴郎我當伴娘。對方說：「我結婚許下的願望就是希望你們在一起。」新娘把捧花送給了我，對我說：「要加油啊……」

「童話應該有美滿的結局，你們兩個在一起就是童話。」

世間那麼多男女，不見得個個都能成雙成對，相伴需要足夠的運氣。我們已經走到了人生的下一個路口，回望一次過去，就算記憶裡的那個人還站在來時的路上，我們能做的也只是對他笑一笑，揮一揮手，重新認識一次，把丟失的情分找回來。有些事是註定的，就像有些情，到最後只是揮手說再見的一個儀式。而我能在最好的年紀遇見他，這就夠了。

如果他邀請我，就買一束風信子，在他的婚禮上送給他。我們走散了再相逢，未必就要得到一個完美的結局。

只是暢想著，終有一日，和你一起並肩看星空，只談夜色與微風。

淺喜似蒼狗，深愛如長風

學長W打來電話，問我什麼時候回學校看看。他在日本待了八年，回來第一個聯繫的就是我。從北京到天津，現在坐城際列車只用半小時。想起那年剛上大學，到北京旅行，坐的還是綠皮火車，要兩個多小時的車程。

回到母校，校園裡的櫻花開了，操場上有幾個人在踢足球。我和W隨意地散步，櫻花開得正盛。白色的或者粉色的，一朵一朵，一簇一簇。陽光透過枝椏，投射到正門的噴泉上，水流的顏色也鮮明起來。我站在風中，觀望道路兩旁延伸的樹，樹梢隨風擺動。天空是純淨的藍色，強烈的陽光照得我眯起了眼睛。

WE
ARE
YOUNG

他問我：「這些年你過得好嗎？」

我說：「還好，你呢？」

「我也挺好。」

我微微點頭。

我們去食堂吃了熟悉的煎餅果子，又去超市買了以前經常喝的優酪乳，然後坐在噴泉邊的長椅上，看著來來往往的行人。莫名地想起岩井俊二的電影《四月物語》裡，武藏野大學的那間小書店，北海道原野上彈吉他的男孩是那間書店的店員，暗戀他的女孩為了他努力地考進這所學校，後來在雨天的時候向他借了一把壞掉的紅雨傘。

想著想著，我突然笑了起來。W問我笑什麼，我將電影裡的場景告訴了他。我和W當年上大學組樂隊，他是吉他手我是鼓手，課餘時我們在一起排練，他為了增強我的體力常常叫我一起去夜跑，理由是「這樣你打鼓才會有力」……這些已經是很久遠的事情了。

「你叫我跑步無非是要我陪你打卡。」

「我是為了鍛煉你好嗎？」他辯解。

還記得我們給樂隊起名字的時候。W非要叫「Wing」，因為他的後背刺了一隻翅膀。我堅持要叫「Wind」，最後他拗不過我，便用了這個名字。「Wind」是風，意思是我們的自由像風一樣。

他喜歡Beyond，喜歡黃家駒，喜歡那首著名的〈喜歡你〉。後來這首歌在《我是歌手》裡被鄧紫棋翻唱，又一次翻紅。W輕輕地哼著：「喜歡你，那雙眼動人，笑聲更迷人；願再可，輕撫你，那可愛面容，挽手說夢話，像昨天，你共我……」

「你還記得迎新晚會我們排練這首歌嗎？」

「記得啊。你總嫌我拍子不准，一個勁兒地訓我。」

「我那是教訓你嗎，是指導。」W呵呵笑道。

那會兒我是新人，基本功不夠扎實，為此沒少挨他說。他曾經一度想把我換掉，又找不到合適的人，於是變著法兒地「壓榨」我。每天讓我晚自習給他帶飯，打掃排練室，幫他擦樂器，還要給他抄吉他譜……除此之外，還得應付他的突擊檢查，打鼓只要錯一個節拍或者他交代的事情有一件幹不好，就要收拾東西走人。

「幸虧我都堅持下來了。」

「那是我教得好。」

「你那是欺負人，仗著是學長，欺負學妹。」我恨恨地說。

「你不知道嗎，喜歡的變相表達就是——欺負。」他突然說道。

空氣一下子安靜了下來，四周有緩緩流動的氣流。天空中出現一道白色的弧線，像飛機劃過的痕跡，在雲朵間穿梭。操場上爆發出一陣歡呼，有人進球了。一陣風吹來，櫻花紛飛飄落，拍照的女生舉起相機，「喀嚓」一聲，時間就此停駐。

「我那時候喜歡你，對著你唱〈喜歡你〉，只是你不知道而已。」

我一時間束手無策，面對他突如其來的遲來的告白。

「哈哈，別有負擔，都過去那麼久了。」他摸摸鼻子，我微微鬆了口氣。

「我在日本這些年，一邊打工一邊搞樂團。下班之後去酒吧駐唱，唱的還是那幾首老歌。老闆要我唱他們的流行歌，我不太會唱也不想唱，後來帶著樂團在街頭賣唱，我們唱中文歌，唱英文歌，也唱日文歌，都是自己寫的……但我唱得最多的，還是那首〈喜歡你〉。」

「你很喜歡這首歌？」

「我很喜歡那時唱這首歌的心情。」

我沒有說話，他也沒有再說話。我們一起看著對面的噴泉出神，手邊的優酪乳還沒有喝完，藍色的瓶子各擺一邊，一如當年。過了許久，他說：「時間不早了，我們走吧。」因為我要趕回北京的城際，便起身跟他告別。

「回來之後，打算做什麼？」離開前我問他。

「沒想好呢，先到處轉轉，好多地方都還沒去過呢。」

「那……還會再做樂團嗎？」

「可能不會了吧。」他低著頭，輕聲說道，「我回來之後日本的樂團就解散了，當年一起組團的那幾個人，都好久沒聯繫了，現在應該都成家了吧。」

對話到此結束，感覺我們再沒有什麼可以說的了。

他說：「那你快去車站吧。」

我說：「好。那你保重。」

「你也是。」

走出校門，我們一個往東，一個往西。我走了幾步，突然轉身，他像是有感應般，舉起手擺了擺，沒有回頭。就像當年，我們的最後一場演出結束，分別之際，我背起包轉身，看到他背著吉他，一隻胳膊突然舉起來，背對著我揮了揮手。那一揮手，就是八年。

「下一次見面會是什麼時候？」我很想問，可他已經走遠了。

我想起一部很久以前看過的片子，影片中一個人問另一個人：「那張黑白照片上的傢伙為何輕易地讓我想起你……」

「大概他與你是住在我心臟裡的鄰居。」另一個人答道。

我們其實都一樣。人生，最終會被我們過成一個旅館，每一個房間都會被占滿，被清空，被用舊。有很多人來，有很多人走，有很多人留下，有很多人遺忘。每一把鑰匙都留著不同人的指紋和溫度，散發著晦暗不明的光。於是，我點燃店堂裡那盞昏黃的油燈，給你一個房間的號碼，等一個你給我的回應。

你說，淺喜似蒼狗，深愛如長風。

就想和你眉來眼去，隨隨便便

最近流行甜寵劇，從《經常請吃飯的漂亮姐姐》到《金秘書為什麼那樣》，從《致我們單純的小美好》到《結愛．千歲大人的初戀》，男主角們個個能撩，堪稱金秀賢、宋仲基們的2.0版。這些光芒萬丈、猶如天神的男主角哪裡是在寵溺女主角啊，分明就是在寵愛我們這些寂寞舔屏的「小姐姐」……。

去《明日之子》的錄製現場，撲面而來的全是小鮮肉的氣息，不禁感歎一句：年輕真好。寫過很多關於青春的書，不知為什麼，特別留戀青春，大抵因為那是一生中最好的樣子。看《壞孩子的天空》，看著安藤政信那張俊美桀驁的臉，就想起那句：「只是那天陽光很好，你穿了一件我愛的白襯衫。」

這就是青春。

一個朋友問我：「你知道什麼樣的戀愛是最好的嗎？」問完之後，她又重新打量了我一番，搖搖頭說，「算了，你也一直沒談戀愛呢，怎麼會知道。」

我的朋友裡有個小群體叫作「母胎單身者」。所謂「母胎單身者」，就是從來沒有談過戀愛，除了工作交集，生活裡很少出現異性的人。

我曾問過她們：「找不到男朋友是不是因為你們太挑剔？」

「一點也不挑啊，」她們說，「我不過就是想找一個清清爽爽的人談一場簡簡單單的戀愛。」

「你覺得談戀愛難嗎？」我問Tina。

她說：「也難也不難。不難就是只要愛他，怎麼都行。難的是，怎麼才能愛上他。」

Tina是對愛情篤定堅持的女孩兒，知道自己要什麼樣的。她說過一句非常經典的話是：「我不要他有房有車，也不要他工作好家庭好，我只要他對我好。」

《舉重妖精金福珠》裡有一個情節，男主角俊亨的哥哥在雨天給女主角金福珠撐了一把傘，福珠因此對他念念不忘，因為從小到大都沒有被人這麼照顧過。在那一瞬間，福珠覺得自己遇到了愛情，她不顧一切地對他好，用愛回饋他。

「我只要他對我好，這就是我想要的愛情。」

對現在的女孩子而言，那些過去擺在首位的條件已不再重要，家境、事業、房車、學歷甚至是能力都比不上一句「我會對你好一輩子」。好一輩子，真的就是好一輩子，一年、一個月、一天、一分鐘都不能少。

有個女明星結婚，她說：「我的前前任和前任都很好，他們一個教我做溫柔的女人，一個教我做成熟的大人。但我最喜歡現任，他教我做回小孩。」

那些教會我們能力、塑造我們性格的伴侶，不是不夠好，但總覺得他們的「好」裡缺了點什麼。他們或是要我們快速成長，獨當一面，做個不依附男人的大女人；或是要我們說話小聲，做事小心，做個溫柔善解人意的小女人。可他們卻忘了愛人原本的天性，忘了去寵愛她、呵護她，在她遇到難題的時候幫她解決，在她缺少關心的時候打個電話，在她累了的時候給她一個擁抱……有時候，看似堅強獨立的大女孩們，真正需要的其實只是一個擁抱。

抖音上有段非常熱門的影片，節目組採訪了一個成都女孩：「你覺得男人一個月賺多少月薪可以養活你？」女孩兒很靦腆地說：「只要能帶我吃飯就好了。」

男人們看這個影片，會覺得女孩子溫柔可人，要求不高。我理解的影片背後的解讀是：我不要求你月薪過萬，不要求你薪水的百分之多少為我花，可你願意每週帶我出去吃一頓大餐，每天做飯給我吃嗎？

往往越簡單的，才越難做到。

生活在快節奏的大城市，資訊發達，刷不完的朋友圈，看不盡的短影片，走路都是帶風的，哪有心情好好談一場戀愛啊。想要的愛情其實很簡單，能滿足預期的人卻很少。也許有一天真的有這樣的人出現，他對你好，說愛你，你也會想一想，他真的愛我嗎……不會是騙錢的吧。

我們年輕的時候，有著這樣那樣數不清的一二三四……你都有嗎？現在我們老了，只想跟你牽牽手遛遛狗，路邊攤走一走。這樣的土味情話，我有一籮筐可以說給你聽。你不需要多好，只要你足夠喜歡我就好。

有人想跟你環遊世界，有人想跟你柴米油鹽。

我好養，就想跟你唱點通俗音樂，眉來眼去，隨隨便便。

我們之間不近不遠的距離

我和C先生隔一段時間就會碰面。我在上海，他在北京，每次去北京出差，如果有空閒的時間，我就會坐地鐵從東四環到西四環去看他。慢慢地，他公司的很多人都認識我，有的見到我去，會熟絡地叫我一聲「夏老師」。

我和C的關係談不上多親近，我們一直保持著一段距離。他從不主動找我，我也不找他，但是逢年過節會給他發個微信。

算算我們認識也有七、八年了，他比我大十幾歲，我叫他叔叔。他有很強烈的保護欲，四十多歲的人還羞赧得像個少年。C不會主動跟人接近，和不熟悉的人除了工作對接之外沒有其他聯繫，這麼

多年，他的朋友始終還是那幾個。

我跟C談起工作的辛苦，他說：「你覺得辛苦就不要做了。」他的生活態度一貫隨意，生活給什麼就接什麼，從不用力抓取。

「怎麼能讓自己舒服怎麼來。」C試圖說服我。

我撇撇嘴，略過這個話題。

但下一次見面，他依然會問：「你工作辭了嗎？沒辭就趕緊辭了。」

「那誰養我呢？」我問。

「找個男人啊。」C一本正經地說道。

我們都喜歡聽平克佛洛伊德，喜歡波赫士和里爾克。

C說：「你就是一文藝女青年。」

「那你就是文藝老男人。」

C說不過我，只得悶頭喝酒。

他曾經撮合我和他公司的一個員工，說那人怎麼怎麼好，跟我如何如何配，最重要的是，那人喜歡我，會對我好。他打了一個比方，對我說：「你跟他在一起就好比依萍和書桓，你們就是『情深深雨濛濛』。」我聽得直頭疼，問他是不是心裡住著一個瓊瑤，他說：「纏綿啊，這不就是你想要的纏綿的愛情嗎？」我歎了口氣，男人真的什麼都不懂。

C是個天真的人。他卻說，天真的人不代表沒有見過世界的黑暗，相反恰恰因為見到過，才知道天真的好。

他在微博上有一個分身帳號，剛認識他的時候，我因為好奇，潛水去看他的微博。他在上面胡言亂語，和平時判若兩人。如果不是因為他在微博上經常分享平克佛洛伊德的歌，我幾乎懷疑找錯了對象。有一次，我發現他在微博上寫了一句話：「認識一個傻姑娘，偶爾和她瞎聊幾句。」忍不住想，這是不是在說我，原來他對我的認知就是一個「傻」字。

C知道我喜歡日本，他去日本出差，回來時給我帶了一本和風筆記本，布面的，裡面夾了一片楓葉。我問他楓葉是怎麼回事，他支支吾吾地說不知道。於是我跑去他的微博尋找蛛絲馬跡，看到他發了一張照片，是在日本拍的一片楓葉，跟送我的一樣。我沒再問他，但又很想知道他是怎麼想的，拿著楓葉看了又看，最後還是忍住沒有問出口。

在情感的表達上，我們都是羞於啟齒的人。確切地說，都是善於偽裝，把自己包裹起來的人。

後來我一直待在上海，跟C很少聯絡。想找他聊點什麼，又不知道如何開口，我們的關係一度變得非常疏遠。我遠離了他生活的圈子，他也從我的圈子裡消失了。有次偶然想起他，去翻他的微博，卻發現微博註銷了。他大概是不想被人發現，又或者是覺得寫這些毫無意義。

你如果問我是不是喜歡C，答案是肯定的。這麼多年我好像一直沒有找到那個情投意合的人，有人來，有人走，發生還是未發生，這些都不重要。我對他們的感情始終不夠真誠熱烈，這是我的問題。

C問我：「你為什麼一直不嫁人啊？」

我說：「找不到吧。」

幾年後，我又去了北京，第一個見的朋友還是他。故人重逢，一切未變。他瘦了，頭髮留長，穿著長衫，仙風道骨。我調侃道：「你這是要修仙了嗎？」他不好意思地笑了笑，說了一句似是而非的話：「不想被小姑娘搭訕。」我突然有點失落，不是因為他的敷衍，而是覺得他在我面前不夠放開自己。

最好的時光，就是你喜歡我，我也喜歡你，可我們都還沒表白。

但這真的不重要。喜歡是一回事，在一起是另一回事。曾經有那麼一瞬間，我喜歡過一個人，而這個人也讓我感受到了他的心意，這就夠了。有朋友調侃說這是民國式的男女之情，我不禁想起了C說過的「情深深雨濛濛」，會心一笑。這樣，也挺好的。

C送我的時候，外面下起了北方秋天罕見的小雨。他說：「你等等，我去拿把傘給你。」我笑笑說不用，但他執意要給我一把。在他回去拿傘的時候，我站在沿街的走廊下，看著雨中行色匆匆的行人，雨水打在地上濺起一朵朵水花。他握著傘一路小跑過來，那個熟悉的身影，由遠及近，水花在他身後飛舞，他的頭髮被淋濕了，布鞋踩在水坑裡沾上了水漬，而他恍若未覺。

我們隔著不近不遠的距離，就像我們這些年不近不遠的關係。
你頭髮上淡淡青草香氣，
變成了風才能和我相遇。
你的目光蒸發成雲，
再下成雨我才能夠靠近。
感謝我不可以住進你的眼睛，

所以才能擁抱你的背影。
有再多的遺憾用來牢牢記住，
不完美的所有美麗。
我懷裡所有溫暖的空氣，
變成風也不敢和你相遇。
我的心事蒸發成雲，
再下成雨卻捨不得淋濕你。
感謝我不可以擁抱你的背影，
所以才能變成你的背影。
躲在安靜角落不用你回頭看，
不用在意[4]。

4—歌詞出自林宥嘉的〈背影〉。

你說一句不要走，我扔掉烈酒和自由

老季和花姐是我見過的最有意思的一對。老季是瀋陽的，花姐是成都的，一個東北，一個西南，他們的性格卻南轅北轍，像是出生地搞反了。老季愛民謠，說話斯文，沒事兒倒騰倒騰花草，喝一壺茶、抱一把吉他就能過一個下午。花姐大大咧咧，性格豪爽，吵架嗓門大，愛交朋友愛吃辣。兩個人的相識足以譜一曲民謠，拍一部電影。

老季和花姐認識之前，一共錯過了三次。

第一次是花姐上大學那時候，一個人跑去青島看演出。老季正在青島讀大學。看演出的時候他倆站前後排，花姐在前，老季在後，臺上是某知名搖滾樂隊。老季只見一個花臂姑娘高舉雙手Pogo

（原地縱跳），整場演唱會他沒怎麼聽歌，反倒記住了前面這個姑娘。老季靦腆，不好意思跟姑娘搭訕，於是就這麼硬生生地錯過了。

第二次是老季畢業之後去成都出差，在一家蒼蠅館偶遇了花姐。那天是花姐朋友的生日，她朋友又趕上失戀，遭男友劈腿，花姐在旁邊一個勁兒地安慰朋友，痛罵臭男人。老季看著這姑娘似曾相識，但因為時間隔了太久遲遲不敢確認。直到花姐越說越激動，脫掉外套露出胳膊上的刺青，老季才恍然想起，這就是兩年前看演出時遇到的那個花臂姑娘。老季想上前打個招呼，奈何花姐的氣場太強大，借著酒勁痛斥著世界上沒有一個好男人。老季思慮一番，還是縮了。

第三次是在青島的一家酒吧，老季每週末都在這家酒吧駐唱。彼時花姐來青島找同學玩，同學帶花姐來泡吧，遇到了駐唱的老季。一個在臺上唱歌，一個在台下聽歌，老季沒有注意到花姐，或者說他沒有想到還能和花姐重逢，花姐卻被唱歌的老季吸引了。喝醉酒的花姐衝上臺，對老季說了一句：

「我是不是在哪兒見過你啊……」

第四次是老季去川藏旅行，在川南的一個小山村遇到了在那兒當志工的花姐。他見到她的時候，差點沒有認出來。花姐穿著藏青色羽絨服，素面朝天，臉上因長時間暴曬，長出了雀斑。她戴著帽子、口罩，給老季倒了一碗熱水。當她把熱水遞給老季的時候，突然摘下了帽子、口罩。她沒有認出老季，但老季認出了她。

兩座城市，四次相遇。第一次是「酷」，第二次是「虎」，第三次是「浪」，第四次是「颯」……每一次相遇，老季都會重新認識一次花姐。他覺得這個女孩太神奇了，是老天給他的緣分，今生錯過實在太可惜了。於是性格寡淡的老季做了這輩子最出格的一件事──掏出手機，加了花姐的微信。

他搭訕的方式非常「雞賊」。他對花姐說，自己初來乍到，人生地不熟，能不能幫忙找個住的地方。彼時花姐還沒認出他，而他已經下意識地把花姐當作老熟人。花姐心想，這男的真夠可以的，真拿她當愛心小天使了。想歸想，她還是出於人道主義精神，幫他找了一家民宿。自然，老季早已訂好的那家旅館就不去了。老季又說自己沒帶現金，能不能讓花姐幫忙付一下押金。花姐雖然覺得不妥，但還是答應了。

老季雖然悶，但悶有悶的好處──看上去波瀾不驚，叫人捉摸不透。花姐付了押金，老季說：「能不能加你個微信，我發紅包給你？」

就這樣，老季加了花姐的微信。老季很少發微信朋友圈，基本上維持一年兩三條，可恰好這幾條都與花姐有關。最早的一條是在成都偶遇花姐那次，他發了一張兔頭的照片，配文：「怎麼下口？」定位剛好是那家蒼蠅館。還有一條是一張他抱著吉他在酒吧唱歌的照片，配文：「花房姑娘。」

花姐看了，嘖嘖稱奇：「天哪，這家蒼蠅館是我經常去吃的那家，還有這家酒吧我也去過……原來你就是那個……那個『小李健』？」花姐認出了老季，簡直不敢置信。而老季彷彿是第一次認識花姐般，微微笑了笑說：「是嗎？這麼巧。」

至此，他倆真的成了朋友。花姐的每一條朋友圈老季都點讚，但他從來不留言。有一次，花姐忍不住問老季：「你看我的朋友圈是什麼心情啊？」老季回了兩個字：「挺好。」

花姐覺得老季悶，花姐覺得老季不夠浪漫，花姐甚至覺得是自己主動追老季的。她喜歡有才華的男人，老季的魅力無法阻擋，何況他們還如此有緣。原來老季去過成都，去過她愛吃的那家館子，老季還在她去的那家青島酒吧唱過歌，她當時喝醉了還把他錯認成別人……花姐不知道的是，所有事情與她以為的恰恰相反。他們第一次相見不是在成都，而是在青島，不是酒吧，而是一場live演出。是老季先知道花姐的，而且這麼多年念念不忘；是老季在蒼蠅館認出了花姐，不敢上前搭訕；是老季沒話找話，為了認識花姐編了謊言，加了微信……

於是，自認為主動的花姐發現，老季朋友圈那為數不多的幾張照片全是表達對她的思念的。這是他藏在心中的秘密，他曾以為這輩子都不會被發現，這輩子都不會再遇見她。在第三次他認出花姐，而醉酒的花姐指著他半天，最後被朋友拽走說抱歉的時候，他又一次得沒敢追上去，告訴她「你沒有認錯，我們是見過，還不止一次」……他一次次地自責，一次次地懊悔，一次次地罵自己「慫貨」。好在緣分讓他在海拔三千多米的地方再一次邂逅心儀的姑娘，於是他告訴自己，這一次，絕對不能。

後來，他們順理成章地在一起了。是花姐追的老季，她向老季表白：「你看我們倆這麼有緣，不如在一起吧。」老季心裡樂開了花，但面上還是不動聲色地說：「好啊，聽你的。」

沒有浪漫的情話，沒有山盟海誓，一切都是這麼自然。戀愛的幾年，花姐總怪老季不夠浪漫，從不對她說情話，連表白都是她主動的。雖然老季從來不說，卻實實在在地在做。他為花姐從青島搬到成都，他原本有份很好的工作，卻因為花姐想開民宿而放棄自己的夢想來配合她。他原本不喜歡社交，但為了經營好民宿經常應酬。他甚至刺了和花姐胳膊上的圖案一模一樣的花臂……評判一個男人好不好，不是看他說了什麼，而是看他做了什麼。

花姐嘴上仍然常數落著老季，可每當提起老季，她的臉上總是洋溢著明媚的春色，像四月裡最美的鮮花一樣嬌豔。那是愛情，最美的模樣。

閒暇的時候，花姐喜歡在他們家的院子裡沏一壺茶，聽老季彈吉他，兩個年輕人像老夫老妻般過著閑雲野鶴的慢生活。花姐逗老季：「要是哪天過膩了這種生活怎麼辦呢？」

老季撥弄琴弦，輕輕地唱了一句：「你說一句不要走，我扔掉烈酒和自由。」

唯有你願意去相信，才能得到你想相信的

有人問我：「如何才能得到你想相信的？」

感情的事情看似簡單。遇到問題，說一聲「我相信你」、「我很安心」，便覺得能夠緩解暫時的危機。但危機始終存在，不是一次花言巧語的敷衍、一場速戰速決的床上關係、一張任意透支的信用卡就可以解決的。

兩個人戀愛，最重要的是將心比心。

和一個人聊天，他說，很多人為了安全感去尋找伴侶，希望從對方身上獲得依靠和疼愛。我說，若自己不夠強大獨立，這樣的人到哪裡去找？那個給自己提供依靠和疼愛的人，難道不希望得到同等

對應的回報？如果得不到，他會在一次又一次無所得的付出中感到疲倦。所以，愛是相互的，你需要的安全感，正是對方同樣需要的，應該彼此給予，彼此照拂。

重溫《北京遇上西雅圖》。女主角不是很漂亮，骨子裡卻有一股迷人的韌勁；男主角也不再年輕，鬍渣與白髮平添了幾分滄桑優雅的魅力。這段發生在異國他鄉的浪漫戀情，將種種不可能變成可能。時過境遷，兩個人帶著各自的孩子在帝國大廈重逢。而戲外的她，也已經嫁人了。

不少影迷惋惜，湯唯嫁的為何不是《晚秋》的主演而是導演。他們跨越國度，突破語言障礙，避開閃耀的鎂光燈與流言蜚語，從對方眼中看到了自己的本來面目。緣分使然，身後過往皆成歷史，唯有用心去愛，才能得到自己想要的。

真正相愛的人，會看到對方嬰兒般的靈魂。

是這樣的。相愛的人是照出彼此的鏡子。我們愛上一個人，其實是愛上了自己隱性的一面。愛的深層含義，是兩個人靈魂與情感的交流。它可以使人性完整，治癒傷痛，填補空虛，撫慰孤獨。當你用心去愛時，就會變得柔軟感性，對一切事物的看法越來越寬容，從而成為一個善良知足的人。

過去戀愛，我始終不能夠將自己完全打開，全身心交付給對方。對一段感情和締造感情的當事人有著種種不確定和防備心理，敏感多疑，一有風吹草動，便豎起渾身的刺，充滿攻擊性。總是害怕對方會給自己造成傷害，結果卻是傷害自己的同時也傷害了別人。以至於每一段戀愛關係都非常緊張迅速，最後草草收場。

有些人，喜歡對方卻遲遲不敢表白，覺得距離太遠、差距太大；有些人，遭受過欺騙和傷害，認為所有靠近自己、表達愛意的人都是情場騙子；有些人，以玩弄他人、經驗豐富為資本四處炫耀，從不用心對待感情，也不知道內心深處需要什麼樣的情感；有些人，因為父母的婚姻、童年的陰影、早年的經歷而產生悲觀絕望的心理，認為自己註定一生孤獨，得不到幸福……

很多人，在未來得及敞開心扉、開口表達的時候，已然失去了資格。不是他們不夠好，也不是他們不夠真誠，而是他們的膽怯、懷疑、矛盾、軟弱和自私，令自己在即將得到的時候卻遺憾失去。

在追求一段感情的道路上，很少有人能堅持下去，儘管以愛之名如此高尚，人性卻十分卑微可憐。有些人在愛的面前抬不起頭，退縮一步，自嘲地想：就這樣吧……不追求，也就沒有了麻煩；不付出，也就不會吃虧。

那個對我說「如何才能得到你想相信的」的人，談起他的感情經歷時，微微一歎，說：「我總是在與人交往中小心翼翼，倒不是怕被騙，而是慣性使然。當我準備用心投入一段感情時，我又一次懷疑自己做不到，想要逃之夭夭。這樣的人，如何得到自己想相信的呢？」

相信的前提是，克服內心的重重障礙。如同打保齡球，重要的不是推倒多少支球瓶，而是對準目標扔出球的瞬間，充滿力量，這樣才能所向披靡。如果你足夠自信、足夠坦蕩、足夠堅定、足夠沉著，把它當成一場自我沉醉的表演，你就會因此而發光，也終會有人因你的光芒起身鼓掌。

「唯有你願意去相信，才能得到你想相信的。」

我來過，你愛過的世界

有個大學同學得了癌症，已是晚期，我得到這個消息的時候，很久都無法平靜。三十歲之後，已經很少再為其他人和事傷神了，除了生死。這是始終回避不了的問題。

記得上大學的時候，我們在一個班級，她住在隔壁宿舍，我每次去盥洗室洗衣服都會碰見她。她紮著馬尾辮，穿一件高領毛衣，手中拎著水壺，看到人低頭微微一笑，笑起來很溫暖。畢業後我們就沒有再聯繫，前幾年北京的同學聚會，她沒來，後來大家建了一個微信群，她也在裡面。

大學裡有個話劇社，我那時候在社裡當導演，她是副社長，社長是比我們大一屆的學姐。學姐有意培養新人，於是我經常見到她在社裡忙碌地組織活動的身影，個子小小的，卻很有號召力，每年的迎新和新年晚會，她都能帶領話劇社拿到第一名。同樣的，她的成績也非常優秀，年年都是獎學金獲得者。

這麼優秀、努力的女孩，為什麼早早地就要面對疾病和死亡。同學給我發來了她的微博網址，說：「你有空的時候看看吧，我看了幾篇，實在看不下去了，太難受了……」

我打開連結，微博記錄的是她生病的日常，可以說是「生病日記」。除此之外，都是患病期間和她老公相處的點滴。看得出來，她很愛她的老公。她親切地稱呼他，K先生。

我在床上賴著不想起來，想著其實老天也算是給我選了個比較好的生病時機不是嗎？如果是剛工作的那幾年，我連買藥的錢都沒有；如果沒有買房子，也許我現在只能躺在出租屋裡苟延殘喘；如果是早幾年生病，我可能都沒有機會用「pd1」這種療法；如果我和K現在有孩子，我或許更加無法面對離別這件事……莫名地情緒有點低落，叫了K過來，讓他抱著我靠一會兒，依偎著聊幾句。

「你會不會很辛苦？」我問K。

「不會，我希望你早點好起來……好起來，我就可以好好地抱抱你了。」

「寶貝啊，我們沒有孩子，你會不會很難過啊……」

「我不去想這些，我相信以後我們會有的。」

「我媽媽說了好幾次要把床搬到那個空房間裡，但我不想搬，那是我們原來留著做兒童房的。我總覺得，一旦搬過去了，這個希望就破滅了。」

「那我們就留著吧，也沒那麼著急。」

「寶貝啊，你會怪命運嗎？明明到了這個階段，我們的生活開始寬裕了，可我偏偏生了病……」

「我不怪。我只想著怎麼把手裡的牌打好就行了。」

「可是我抓的牌真的好爛啊……」

「寶貝啊，我好愛你。」

「我也愛你。」

讀到這裡，我真的讀不下去了。命運太殘忍了，深情的愛人、美好的前程、幸福的家庭……對她來說，這一切似乎就要遠去了。他們還那麼年輕，還沒有孩子，新生活才剛剛開始，還來不及對明天說一聲「你好」，就要跟今天做一場告別。

我終於有力氣從床上爬起來了，Ｋ扶著我，讓我慢慢靠在他的懷中。他說，以前沒錢的時候，我都不問命運。我現在也不會去問命運，只想把所有的牌打好就好了。

人生是一場賭局，我們都是其中的賭徒，不管命運出什麼牌，我們只管把手中的牌盡全力打好。哪怕只有一半的勝算，哪怕明知最後會輸，也要有釜底抽薪的勇氣，不到最後一刻決不放棄。

這種感受我也經歷過。當我拿到父親的病危通知書，當醫生從ＩＣＵ裡走出來告訴我準備後事的時候，我跟Ｋ一樣，也在想怎麼樣把手中的牌打好。沒有時間了，也沒有醫療措施可以續命，躺在裡面的是一個只有微弱心跳的身體，我無法與他對話，無法和他告別。我不知道該怎麼做，腦海裡只有一個聲音，做你自己想做的，做你現在要做的，不留遺憾。於是我幾天幾夜不眠，幾乎打遍了全國所有權威醫院的電話，不停地拜託人，不停地找治療方案，懇求醫生再多給點時間，求護士給他用藥，不要停止……在ＩＣＵ室外度過的一個個日夜，身體因極度衰弱而抽搐，喉嚨腫痛得說不出話，卻依然不死心，不眠不休，像一個亡命的賭徒，企圖與命運賭一場。可惜，最後還是沒有賭贏。

現在看到Ｋ，就像看到昨日的自己。幸運的是，他們還有話別的時間，即使病痛和死亡侵襲，只要有愛人在身邊，陪伴這最後一程，就能擁有抵抗一切的力量。

淩晨三點五十分，喝完一杯豆漿，胃疼稍微緩解了一些。這幾天都是這樣，胃已經支撐不住過長時間的饑餓，哪怕是晚上。所以我要在睡前吃點東西，備好溫熱的粥，等四五點吃一些，再躺下來睡。最近特別怕冷，媽媽準備的被子都太冷了，於是我讓Ｋ又加了一條被子給我。我有很多的焦慮和痛苦，似乎可以隨時噴湧而出，但我告訴自己，不要想，不要想。就去體會這杯豆漿的口感，就去體會加了被子以後的差別，就去體會吃完東西以後胃舒服一些的感受，差不多了就躺下睡覺……

看著她記錄的這些日常，溫馨平常，卻無比珍貴。她大概是在用這種方式抵禦病痛的折磨和對死亡的恐懼。愛人的陪伴、親人的照顧、一家人在一起的平淡踏實，是她僅有的一點安穩和快樂，多麼心酸。這個和我同齡的女孩子，用堅強的心態在生命的倒計時裡體驗著人世煙火的溫暖，記錄著自己努力活著的模樣和對愛人的眷戀深情。她是如此愛這個世界。

想起了父親最後的時刻，那時他已經失去了知覺，只是睜著眼睛，直直地看著虛空，滿眼是淚。那是他對這個人世最後的留戀，再看一眼，再看一眼……即使我在他身邊，握著他的手，也無法替他驅散死亡的寒冷。他是恐懼的，我知道，我們是骨肉至親，有心靈感應。他渾身都在抽搐，而我只能緊緊地握著他的手，一遍遍地告訴他，我會陪著他，送他最後一程。

最深情的表達，不是我們生活在一個世界，而是我來過，你愛過的世界。

這一生，我們在一起看過同一輪月亮，等待過同一次日出；這一生，我們做父女、做夫妻、做摯友；這一生，我們牽著手翻過一座山，跨過一片海；這一生，我們一起走過一百個國家，十萬公里路；這一生，我們在一座城市錯過二十次，又相遇二十次；這一生，我們背靠背走了八千里，還是在一起……

這一生，我來過你愛過的世界。在沒有你的世界裡，依然愛著你。

願你是我一個人的兵荒馬亂

有一天，在大街上遇到一個賣唱的，他說他和女朋友走散了，他為她走了二十多個省市。很多人覺得他是個騙子，給他點錢說你快走吧，別把人當傻子了。他笑了笑，抱著吉他繼續低頭彈唱。

看他穿著整潔，不像是那種為了討生活瞎編故事的。但如果為了找女友一路彈唱大半個中國，我又覺得不可思議，就算是真的，在網上尋人不是更快嗎？於是，我接連三天去他駐唱的地方聽他唱歌。他的歌都是自己寫的，旋律簡單，歌詞質樸，他唱得沒什麼技巧，輕輕淡淡的，仿佛一陣風就吹散了。

起先還有很多人圍觀，大部分都不是為了聽他的歌，而是來看熱鬧，更有甚者起鬨說要不要幫他宣傳讓他紅……人們帶著質疑和玩笑的心態看一個「騙子」表演，有人懷疑他炒作拍起了抖音，有人找他上節目販賣眼淚，他都一一拒絕了。漸漸地，圍觀的人對他失去了興趣，看他的人越來越少，也沒有人再談論他，他仍然一個人平靜地彈著吉他唱著歌。

最後一場表演，周圍已經沒什麼人在聽了，他仍然堅持唱完最後一首歌。只見他站起來，抱著吉他深深地鞠了一躬，說了這幾天來唯一一句話：「謝謝你們。」看他唱歌的人百思不得其解，最後得出一個結論──他就是想賺錢。但沒人給他錢，為數不多的圍觀者陸續走了，只剩下我。

在他收拾東西打算離開時，我在他攤開的吉他盒裡放了一百塊。他愣了愣，然後對我說：「你給多了。」

我說：「沒關係，我也聽了幾天了。」

他說：「我知道。」接著指了指盒子裡的錢，「你看著拿吧，我的歌不值這麼多錢。」

「我不為你的歌，為你的故事。」我笑著說。

他愣了愣，似乎是第一次聽人這麼說，半晌沒有說話。就在我轉身打算離開的時候，他突然說：

「我叫輝子，不介意的話，我請你喝一杯吧。」

於是我們去了附近的一家酒吧。

我問輝子：「你為什麼不在酒吧駐唱呢？」

「在酒吧不自由。」輝子喝了口啤酒，「再說了，我只是待幾天，酒吧沒法這麼幹。」

「我以為你只是想賣唱。」

輝子搖搖頭：「很多人都這麼想，但我不是為了賺錢。」

「那是為了什麼？不會真的是為了找女朋友吧？」

輝子愣了愣，緩緩說道：「你們都想錯了，我不是為了找女友去二十多個城市賣唱……」

「那是？」

他沒有接話，猛灌了口酒，然後意味深長地笑了。他說：「我只是想把和她的故事帶到我去過的每一個地方。」

「我只是想把和她的故事帶到我去過的每一個地方。」

我聽過這世上很多動聽的告白，我相信輝子和他女友的故事一定非常動人，然而在聽到這句話的時候，我的心還是沒來由地漏跳了半拍。這個沉默的、低著頭彈唱的男人，歌聲如清風，他不吆喝，不辯解，不賣眼淚，沒有在歌詞裡注入多少海誓山盟、情深義重，卻用最笨拙也最難的方式，回憶著他的愛情，愛著已經離開他的人。

一個人的愛能堅持多久？久到我們快要忘記那個人的時候，還會下意識地想起那些在一起的日子，散步的日子、吃飯的日子、閉著眼牽手的日子，回頭就能觸碰到對方的臉。我們會走散嗎？懂得分離不是因為情淡，人生有太多不得已，循著光影慢慢走到世界的盡頭，這個世界原本是灰白的，因為有你的出現，才有了愛上它的顏色，才有了生命的暖。

人的深情有很多種，告白也好，陪伴也罷，都成了心事上的雲煙。天青色等煙雨，而我在等你。我知道等不回來，那麼就讓我去找你吧，踏著我們的歌聲，循著我們的足跡，就讓我一個人、一支煙，帶著對你的思念闖天涯。你不必知道我過得好不好，我亦不會強求一個結果，這條路只是讓我確定對你的愛，不會埋沒在時間的塵沙裡。

那一晚，他並沒有聊和前女友的故事，酒一杯一杯地喝，酒精讓身體發熱，他的眼裡有了熱淚。他一定過得很苦，這一路走來，積蓄漸漸耗光，沒有賺多少路費，卻遭受無數的質疑和謾罵。「他是個騙子」、「他是個瘋子」……這樣的話他聽了很多，卻從不反駁。最糟糕的一次是被侮罵家人，他和對方動手，進了派出所，吉他被砸了，關了好幾天，身上的錢也沒了。

「這麼難為什麼還要堅持？」

「總要明白活著是為了什麼吧。」

「為了討生活……」

「大部分人是，但也有那麼一些人，他們討的不只是生活。」

「人生重要的從來都不是目的，而是經過。」

說完，他背起吉他，付了酒錢，數目遠不止我給他的那些。分別之際，我忍不住問他：「喂，下一座城市是哪兒？」

「走到哪兒算哪兒。」他揮一揮手，沒有回頭。

看著他在風中蕭瑟的背影，我想起了那句跨過時光的告白：「在冰天雪地的城市曠野，在顛沛流離的生命長河，願你，是我一個人的兵荒馬亂。」

Part 05

願
你在平凡世界裡，活出浪漫詩意

一生都在半途而廢，一生都懷抱熱望

每隔一段時間，我就會出去旅行，最頻繁的時候，一年去了五六個地方。有人問我：「你為什麼喜歡旅行？」我想，大概是因為心裡生出來的根，漂泊的人要去尋根。

買了單向曆[5]，五月二號生日那頁寫了這麼一段話：「我喜愛一切不徹底的事物，琥珀裡的時間，微暗的火。一生都在半途而廢，一生都懷抱熱望。」

這一天，宜空想。

這一天，什麼事都不做，躺在大理的洱海邊，看著藍天白雲、碧水青湖，萬事皆忘。許久沒有放空過了，不禁想，人活著是為了什麼。這一年多，我不斷經歷著親人的離開，曾對生活的本意產生了懷疑，意志消沉，不知道這麼努力地活著究竟是為了什麼。也許什麼都不為，只是徒勞地數著日子，直到生命的盡頭。

顧城說：「我想當一個詩人的時候，我就失去了詩。我想當一個人的時候，我就失去了我自己。在你什麼也不想要的時候，一切如期而來。」

倘若什麼都不想要，人生非空而是潔淨的圓滿。但人很難做到什麼都不想要。你可能什麼都想要，卻發覺什麼也沒有得到。人在極致之中淡寧，恨不比愛絕望，過一天是一天，能愛就愛，無所謂傷痕累累。過往之痛皆是雲煙，如果害怕分離，當初就不必相遇。

十八歲那年，寫完第一本散文集，至今封存在電腦裡，不願示人；二十歲時，大病一場，險些喪命；二十二歲時，出版第一本書，找到活著的意義。有時會想，也許在看不見的地方有人念著我，也許過去恨我的人已經釋然。心變硬，是因為心的軟再也支撐不起原來那個自己。人在世間行走，途中漸漸忘卻了自己本來的面目，變得堅硬。

我們只是一群旅者，靈魂短暫地寄居在這個肉身。

成長、遠行，都是在與人生做著一次又一次的告別。告別故土，告別親人，告別昨日的自己……

縱使心痛流淚，也要微笑著上路。那些痛、那些傷深藏心底，從不與人說，亦不足與人說。

想起十多年前，十幾歲的女孩梳著麻花辮，走很遠的路去上學，每天在路上背詩打發時間。天寒地凍，雙腳凍得僵硬，鞋底磨破了，冷風竄入，冷到心坎裡……於是，只好大聲念詩，驅趕惡寒，從《短歌行》到《燕歌行》，從《錦瑟》到《離思》。

以前，我家門前有一條路，一眼望不到盡頭。我每天都要穿過這條路，聽路邊潺潺的水聲，看田地裡此起彼伏的蘆葦，看一隻蒼鷹飛過蒼穹。天空灰藍，透著光的美，田野一望無際，河水流過，倒映著樹影。

每天放學之後，我都要在這條路上逗留，直至天黑。水中的自己，是一個被無限拉長的影子，仿佛穿過時光隧道，抵達人生的盡頭。我們這一生，邂逅多少人，離開多少人，期待多少人，想念多少人……人生是沒有歸期的等待，不知哪一天就在無限的等待中耗盡了歲月之情。緣如朝露，轉瞬即逝。那條河流，便是當時的我與歲月立下的約定。

應該變成一個堅韌的人，像一株植物，在沙漠中矗立。會有詞窮意盡的時候，到那時，情感變得可有可無。慢慢過濾掉一些人，學會獨處，清理過去的人生，懂得離別是為了更好的重逢。

對死亡肅然，對生命敬畏。念想如夢想，究竟涅槃。

我們的一生，不過是一條船，載著此生，行完此生。青草如茵，落葉滿地。我聽見孤獨吞噬天空的聲音，像時光深處的斷裂。

回到十八歲，生命中最美的時光，一個人坐在湖邊看著水中的倒影。夜晚很靜，很美，蟬鳴陣陣，星光爛漫。山野之間，紅的花、綠的樹，清幽的湖水，岸邊的木籬……一隻鳥兒飛過樹梢，停在湖畔，持久地站立。水中的人，似我，又不似我。就像每一個人心中徘徊不去的影子，做著美麗、永恆的夢。

星光散盡，雨落成河。

回首間，耳畔有一個聲音在輕輕地說：「我喜愛一切不徹底的事物，琥珀裡的時間，微暗的火。一生都在半途而廢，一生都懷抱熱望。」

5—小型日曆，可放在桌上。一日一張，每一日會有不同的格言佳句。

紅氣球的旅行

很多年前，看過侯孝賢執導的《紅氣球的旅行》，這是一部致敬之作，源於1956年法國導演艾爾伯特・拉摩里斯（Albert Lamorisse）拍攝的短片，即在法國電影史上有著重要地位的《紅氣球》（*Le ballon rouge*）。後來，作家朱天文編寫侯孝賢的電影記錄，同樣取名《紅氣球的旅行》。

三年前的夏天，我啟程前往土耳其。這場原本只屬於我一個人的平凡旅行，因著地中海文明的深遠壯麗、亞歐大陸的廣袤厚重，成為一場致敬之旅。如同侯孝賢鏡頭下不動聲色的巴黎，灰藍、憂鬱、美麗、清幽。這個一度輝煌壯闊的鄂圖曼帝國，如今戰火與瘡痍褪去，只餘一片安靜祥和。

這幾年，土耳其成為中國人趨之若鶩的旅行勝地。這座橫跨亞歐大陸的地中海國度，有著壯闊恢宏的偉大歷史，也有著驚豔時光的錦繡山河。這個國家的特殊之處在於，百分之九十七的疆域在亞洲，只有百分之三的領土在歐洲，但它依舊是一個歐洲國家。

因著宗教、歷史與地理位置的特殊，伊斯坦堡，曾經的拜占庭與鄂圖曼帝國的首都，經過百年的洗禮潤澤，這座滄桑靜穆的海港城市依舊如天空一般湛藍，如海水一般寧靜。伊斯坦堡，如同它的名字，憂鬱。如果說卡薩布蘭卡是一座白色之城，伊斯坦堡就是藍色之城。博斯普魯斯海峽穿城而過，歷史在這裡堆積，民族在這裡彙聚，宗教在這裡雜糅，身著各式服裝的軍隊在這裡廝殺……從古羅馬到拜占庭，從拜占庭到鄂圖曼，城牆上的旗幟不斷地變換著顏色，伊斯坦堡沉澱出一種別具風韻的氣度。它沉穩而喧囂，繁華而頹廢，榮耀而失落，憂鬱的氣息始終飄蕩在這座既古老又現代的城市上空。

想像之外的伊斯坦堡，在此衍生出歷史與風情之外的迷離魅惑。當我由北至南，環繞愛琴海一路疾馳，看到的是綿延的山巒、平直的海岸線、大片的罌粟花，還有漫山遍野的熱氣球……與一路變化著的伊斯坦堡截然不同，這裡是夢的領域，歲月彷若靜止，唯有天與地，歷史踏不進來，時光走不出去。

卡帕多奇亞，坐落於土耳其安那托利亞腹地，歷史上有很長一段時間與世隔絕，不通音信。在這裡，自然的偉大力量鍛造出世上獨一無二的神奇地貌，這種地貌的形成源於幾百萬年前的火山噴發。卡帕多奇亞的奇岩地貌仿佛月球的表面，綿延幾千公里，其中就有土耳其最寶貴的自然文化遺產——格雷梅國家公園。

卡帕多奇亞美麗難忘的清晨，是從在格雷梅國家公園坐上緩緩升起的熱氣球開始的。淩晨四點多，太陽尚未升起，天空一片灰白，整片峽谷如同一隻匍匐沉睡的野獸。當天空第一道光照亮整片峽谷，野獸自睡夢中被喚醒，緋紅色的太陽一點點從山脊背後浮現出來，我們置身海拔五百米的高空，迎著曼妙的朝陽，終於有幸看著天空被它的緋紅色慢慢渲染。與此同時，上百個五顏六色的熱氣球升上空中，靜靜地飄浮在形狀變幻莫測的峽谷之上。

站在熱氣球上俯瞰峽谷中的卡帕多奇亞岩石，在陽光和雲影中，岩石不斷地變幻色調。沒有綠色植物掩映的一塊塊淡黃發白的岩石，或是高起如錐，或是尖聳如塔，或像一座戴帽子的城堡，或像一枚巨大的尖釘突起在山谷上。跟隨風向的指引，熱氣球帶著我們飄浮，升至更高更遠的天空，俯瞰全景，猶如置身夢幻仙境。

當太陽完全升至高空，一個小時的熱氣球之旅也就結束了。飛行員根據風向操作，熱氣球緩緩落地，獨特的地域景觀如時光的碎片，被切割成一張張獨一無二的美麗圖畫，作為這場奇妙之旅的明信片，寄往世界各地。

伊斯坦堡是起點，卡帕多奇亞是終點。由北至南，始於憂鬱，止於寂靜。

落地，舉起香檳，滿口香甜，站在一棵大樹前目視遠方。手中是熱氣球體驗之旅的證書，心中是珍藏許久的一幅畫面——灰藍色的天空襯出紅氣球的明豔，更襯出街道的安靜，家的溫暖。

這是侯孝賢影像中的巴黎。這位電影人，將想像中的巴黎縮小至一間逼仄的公寓，呈現於畫面裡的，是一個孤獨的男孩，一個忍氣吞聲的母親，一個始終在觀察學電影的學生。

手中的相機彷彿有了生命力，靜止的畫面也鮮活生動了起來。一隻無人理會的紅氣球，男孩拉著它穿過巴黎的大街小巷，被中國留學生記錄在攝影機裡，成了電影中的電影。現實中那些在天空飄浮的熱氣球，紅的、藍的、黃的、白的，那麼高、那麼遠，彷彿有生命般，引領我們前往一個未知的世界——有關童年，有關回憶，有關一個單純美好的心願。它是祖父留下來的八厘米膠捲，是少女時代珍藏的明信片，是一幅簡單快樂的畫……但無論是什麼，內心真正看重的只能被簡化為一樣東西，那就是，一個永遠在追逐的夢。

自由流浪的熱氣球，是蒼天俯瞰人間的一雙眼睛。

影片的最後，老師帶著學生們去美術館參觀畫展，畫中的小孩在追一隻紅氣球。當老師問學生們從這幅畫中感受到的是歡樂還是悲傷時，一個小男孩的回答是：「有一些歡樂，也有一些悲傷……」

而屬於我的這場「紅氣球的旅行」，有一些快樂，也有一些悲傷。

你好，巴黎

出差去巴黎。與想像中的華麗精緻、時尚喧囂不同，這座沉浸在暮色裡的藝術之都呈現出古老的靜穆。它像一個老人，安靜、從容，透著法式貴族的典雅和孤傲，與外來者保持著距離。

一天的工作忙完，去杜樂麗花園溜達。天空是灰藍色的，大片的雲朵緩慢移動，像棉花糖般垂墜。廣場上年輕的情侶分享著熱狗，老人坐在長椅上看著廣場中央覓食的鴿子，還有戴著耳機跑步的年輕人，推著嬰兒車的媽媽，給鴿子餵食的孩童……呈現在我眼前的，是這樣一幅安靜美好的畫面。法國梧桐透出斑駁的光影，葉子打著旋兒起舞，情侶們的臉上露出甜蜜的笑容，老人目光溫柔，孩子笑聲純真。這一刻的巴黎，如此美麗。

很多年前看過一本書，叫《日安憂鬱》，作者是法國著名女作家莎岡。這本書一問世，就紅遍了整個法國。那時，莎岡還是一個十八歲的少女，這是她的處女作。在巴黎的酒店看莎岡的紀錄片，直到暮色漸濃。酒店對面就是塞納河，斜陽映照在我的臉上，溫暖愜意。聽一曲《玫瑰人生》，看著窗外水鳥飛過河岸，有一種愜意的享受。

影片《莎岡》的尾聲，法蘭絲瓦・莎岡說：「不管任何年紀，你總能學會重新生活。事實上，生命就是如此。重新開始，從頭再來，再次呼吸。關於人生，仿佛你什麼都沒有學到，除了一些個性特點，忍耐、堅強、輕鬆，而不是無能或怯懦。」

這樣一個小個子女人，成年即成名，作風叛逆，大膽戀愛。她結婚、離婚，一夜暴富又一夜破產，從呼朋引伴到離群索居。她在最好的年紀成為法國的青春代言人，最有錢的暢銷書作家，想要什麼就有什麼，追求者無數，開豪車、住豪宅，盡情揮霍著自己美麗的人生，也提前透支了生命。她開著心愛的捷豹帶朋友出行，途中發生車禍，險些喪命。那場車禍讓她差一點見上帝，也提醒她從來沒有輕而易舉的成功，得到的總是要還的。而她美妙的人生，也由此開始墜落。

至今記得她的那句名言：「所有漂泊的人生都夢想著平靜、童年、杜鵑花，正如所有平靜的人生都幻想伏特加、樂隊和醉生夢死。」

某個夏日清晨，莎岡開車來到聖特羅佩，她對這個地中海岸邊的小漁村一見鍾情。她租下一幢房子，在這裡度過了一個愉快、平靜的夏天。聖特羅佩令她想起悠遠的童年，美麗的故鄉卡雅克。岸邊的餐館、咖啡店、小酒吧、閣樓……遠離巴黎的繁華喧囂，遠離謊言與醜聞，她變成了一個平凡的人，在海裡暢遊，在岸邊看日落。聽一曲來自鄉間的吟唱，看海鷗飛向天際。

她拿出隨身攜帶的筆記本，對著遲暮的夕陽和金色的大海寫下優美的句子。晚年，她回到卡雅克，那是她出生並成長的地方。親人皆已不在，房子被賣了出去。她在舊屋的附近租了一間閣樓，小軒窗、舊籐椅、夏日斑駁的陽光……聽鳥鳴，聞花香，像小時候那樣坐在門前的石階上，看著來來往往的人，看著落日西沉，寫下最後的回憶錄。

內心的擔憂總是會成真，流離所愛，向死亡步近而無人加以制止。失去另一顆心跳的協奏，這是最糟糕的。人已彌留，沒錯，但是需要一個肩膀去依靠。這就是愛，藉以擺脫孤獨。

多憂的少女莎岡寫下《日安憂鬱》，「憂鬱」即是巴黎。很多年前，同樣是少女的我看了這本書，開始憧憬巴黎。它是莎岡筆下的金色海岸，是莒哈絲眼中的完美情人，是伍迪艾倫的午夜流光，是琵雅芙吟唱的玫瑰人生，是可可香奈兒的N°5（五號）香水，是小野麗莎的夏日咖啡……是我心中一直珍藏的柔情，對這世間所有美意的愛與溫度。

「你好，巴黎。」

此時此刻，我在啟程回國的飛機上寫下與它告別的話：「所有漂泊的人生都夢想著平靜、童年、杜鵑花……人生匆匆。幸運的是，我在這裡，你在這裡。我們共舞。」

願我餘生有人陪

去過許多國家，讓我印象最深的還是西班牙。說不上為什麼，也許因為它是我去國外旅行的第一個國家。也許是因為三毛，她在《撒哈拉的沙漠》裡記錄了與荷西在西班牙生活的點點滴滴。喜歡弗朗明哥舞，也是喜歡西班牙的一個原因。香港女作家黃碧雲為了學跳弗朗明哥舞專門去了西班牙，在那裡一待就是數年。她們都是我欣賞的女子，而今走上寫作這條路，仿佛朝聖般，去了那個文藝浪漫的地方。

第一站是巴賽隆納。從巴賽隆納直飛馬德里，一路向南，途經托萊多、科爾多巴、塞維利亞、格拉納達等城市。與北部加泰羅尼亞地區有所不同，南部安達盧西亞地區依然保留著鬥牛的傳統，而我一直想看的弗朗明哥舞也在這裡盛行。

格拉納達位於安達盧西亞東部，是一座有著悠久歷史的古城。十三世紀，阿拉伯人在這裡建造宮殿，阿爾罕布拉宮，又名紅宮。直至今日，阿爾罕布拉宮依舊保持著當年的壯觀。早晨五點出發上山，十月的天氣透著寒意，披一件在當地買的披肩，一邊走山路，一邊觀看美景。空氣中有濕潤的泥土味道，鳥兒在樹林裡啼吟，白霧茫茫，遠處的崇山峻嶺一片肅穆，宮殿在山頂若隱若現。

提前瞭解這座王城的歷史就會知道，中世紀摩爾人入侵西班牙，在格拉納達建立伊斯蘭教王國，這座古城就成了當時的都城，亦是西班牙歷史上所有古跡精髓的集大成者，被稱作「宮殿之城」。西元一四九二年，西班牙人驅逐摩爾人，部分宮殿被摧毀。後來拿破崙入侵，宮殿再一次遭到大面積毀壞，直至一八二八年被修復。伊斯蘭教嚴禁使用人像、動植物圖像作為宮殿的裝飾，於是呈現給我們的，是各式各樣用金銀絲鑲嵌的幾何圖案。

圓拱門、幾何圖案、大理石柱、馬蹄形回廊、土黃色城牆，都是非常典型的伊斯蘭古城風格。在土耳其、杜拜、阿布達比，曾經見到過許多伊斯蘭風格的建築。在西班牙南部這座古老斑駁的城市，當日出的光芒照耀著整座宮殿，那種被時光洗刷的美，如同海邊的一顆被海水反復沖刷的珍珠，依舊璀璨。

在格拉納達的最後一晚，我看到了心心念念的弗朗明哥舞。弗朗明哥舞起源於西班牙南部，由經歷豐富、背景複雜的吉卜賽人引入，因具有流浪放逐的氣質，帶給人美與力的感官衝擊，很快在南部地區盛行，繼而在整個西班牙流行起來。淒美與熱情、落寞與奔放、沉緩與激揚……不停變換的節奏韻律令人心潮澎湃，這是弗朗明哥舞的魅力所在。它的精髓在於深入人的靈魂，探求靈魂深處的情感，舞蹈中蘊含的力量源於自然和生命。

弗朗明哥舞的演出通常在小酒吧進行，以獨舞的形式呈現，講究即興表演。高潮在於歌者與舞者在情感上達到共鳴，迸發的激情在某一瞬間達到巔峰。無論是吉他的旋律還是身體的動作，呈現出最強烈的感官刺激，以身體為道具舞出最原始的美感，這就是弗朗明哥舞。

我在一家小酒吧觀看演出，表演者有四位，一個英俊小夥子彈吉他，一個黑人女歌手演唱，還有一位老人在旁邊打鼓。光影流瀉，當激昂的旋律響起，全場鴉雀無聲，只剩下歌者的吟唱和最後出場的女舞者攝人心魄的舞蹈。一場演出三起三落，每換一套舞蹈服，舞出的都是不一樣的風情。歌者的吟唱讓人癡醉，舞者柔韌的身姿迸發出的力量與激情叫人震撼。都說女人如花，再美麗也有遲暮的一天，然而跳弗朗明哥舞的女子永不會凋謝，因為她們有著不老的生命，叫作「熱愛」。

看完弗朗明哥舞，我大概明白了黃碧雲為什麼對它如此執迷。來過西班牙，我亦懂得為什麼三毛會留下來。她們都是才情卓然、性格孤傲的女子，像沙漠中盛放的玫瑰，美麗得倔強。三毛說，心若沒有棲息的地方，到哪裡都是流浪。黃碧雲言，如果有天我們淹沒在人潮之中，庸碌一生，那是因為我們沒有努力要活得豐盛。

有的人會在一個偶然的時間出現在你的生命裡，卻註定要你用一生去遺忘。

無論是遠走異鄉的黃碧雲，還是在沙漠裡赤裸裸地盛放的三毛，她們骨子裡都是一類人。追求愛情的盛烈，追求人生的極致，就算經歷了那麼多動盪，最終追求的，不過是溫柔的生。而我，也是這樣的。

願我努力活得昌盛。願我餘生有人作陪。

再見，波多

我的手腕上有一條磨破了的皮繩，是那年去波多旅行時買的。我獨自在河邊散步，看到一個手藝人，在賣一些自己做的手工藝品，其中就有這條皮繩。皮繩的做工細緻考究，鑲嵌著用銀絲做的精美圖案，有點像古羅馬時期的壁畫符號。手藝人是個聾啞人，據河畔的咖啡店老闆說，他不是本地人，是一路流浪而來的，喜歡波多便棲居在這裡，靠賣手工藝品為生。

在波多，野貓隨處可見。山坡上、小河邊、街道邊、垃圾桶旁，都有野貓經過。它們大多單獨行動，尋找食物或者打盹休憩。它們有非常漂亮的眼睛，眼神充滿戒備和警惕，休息的時候身體也微微弓著，一旦有人靠近立刻溜走。

住在河邊的一間小旅館裡，推開窗就能看到對岸連綿起伏的山巒，還有山巒上五顏六色漂亮得不像話的房子。河岸邊坐落著一家家小店，一到晚上便燈火通明，音樂聲不絕於耳，遊人們三五成群地聚在一起，聽著音樂，喝著小酒。站在陽臺上，聽著風中傳來的若有似無的風琴聲，看著彼岸燈火閃爍，如一條美麗的銀河，仿佛置身夢境，妙不可言。

夜晚，我爬上很高的臺階，俯瞰夜景，心中不由得升起一股熱潮。我們也許走到終點都不明白為何要執著地走這條路，漂洋過海，跋山涉水，去看一個與我們的人生沒有任何交集的世界。

當我獨自站在河畔，看著水面的倒影，一艘大船緩緩駛過，驚起了戲水的海鷗。一對情侶在我的身後拍照，賣藝人拉著小提琴為他們伴奏，孩子們在沙灘上嬉耍，歡快的笑聲悅耳如風鈴。天地之間，仿佛只剩下快樂，像是回到了無憂的童年。

一個朋友的初戀就是波多人，我們親切地稱呼他「小葡」。當我告訴朋友我到了波多時，她對我說：「你代我看看他的故鄉，說不定你會遇見他。」

那時「小葡」來中國旅行，正好在酒吧碰見我的朋友來玩。那家酒吧在南鑼鼓巷，名字叫「老伍」，從大一到畢業，最好的那幾年我們經常在那兒聚會。記得有一年耶誕節，我和朋友坐在固定的靠窗位置，看著巷子裡來來往往的遊人，雪花飛舞……法國樂隊在演奏，穿禮服的老外們熱情地跳著舞，十二點的鐘聲敲響，大家舉杯歡慶耶誕節的到來。

那是朋友的初戀，也是她的最愛。後來「小葡」要回國，無奈之下他們只能分手。我去波多的時候，朋友還沒有從失戀中走出來，她常常在老伍喝酒喝到天亮懷逝去的愛情。

她說：「親愛的，你知道嗎，過了這麼久我還是很想他，但我沒辦法去找他……如果你在大街上碰見他了，請幫我告訴他，雖然空間讓我們不得不分開，但是時間教會了我思念……我依然愛他。」

聽著陳綺貞的〈旅行的意義〉，「你累積了許多飛行，你用心挑選紀念品，你搜集了地圖上每一次的風和日麗；你擁抱熱情的島嶼，你埋葬記憶的土耳其，你流連電影裡美麗的不真實的場景，卻說不出愛我的原因……」

每去一個地方，我都會帶走那裡的一樣東西，一片葉子、一朵花、一顆石子、一捧土……在鄉間田野中，在蔚藍天空下。記住人們淳樸的笑容、溫煦的暖風和一切悲苦歡笑，看著來路，期待握著愛人的手，為他孕育一個美麗純真的孩子。就算這個願望一生都無法實現，只要相守就不會後悔。即使背負一世的苦難，也願意承擔這份深重的感情。

波多的行程很短，卻讓我無比留戀。也許是因為朋友的那段美麗而短暫的戀情，也許是因為河畔讓人駐足欣賞的黃昏，也許是夜晚流浪的野貓，那條戴在手腕上的皮繩，那個棲居的異鄉人。這座城市有太多值得留下的原因，可我還是要啟程，回到熟悉的地方，重複著過去的生活。

離開的時候，看著海鷗翱翔天際，我不禁寫下一段話：「一生中，有一個地方讓我們離開了又回去，那是我們的故鄉。一生中，有一個地方讓我們來了不想離開，那是我們的歸宿。」

我是街上的遊魂，你是聞到我的人

去麗江是一念之間的事。

因為工作太過繁重辛苦，莫名想要逃離，於是我提前請了年假，一個人簡單收拾了行李，誰也沒有告訴。早上的飛機，前一晚還在辦公室加班，只淺淺睡了兩三個小時，就打車去機場。夜深霧重，計程車一路疾馳，身體疲乏無力得如同漂在水面的浮萍。

我按照預訂的地址來到青年旅社，前台是個二十歲出頭的短髮姑娘，左耳戴了一排耳環，聽口音像是北方人。她原本是來麗江旅行的，因為喜歡這裡便留了下來，一邊工作一邊生活。黃昏時分出門散步，這個時候麗江的遊人不是很多，大多是獨自旅行的背包客，看著遠處沉默地抽著菸或對著某處舉起鏡頭。

一年裡，有大半時間在城市奔忙，但仍然不忘擠出時間出去旅行。待在某個安靜美麗的小城，寫作散心，與世隔絕。很多人說，來麗江是為了豔遇。那是過去的說法，哪有那麼多的「豔」可以遇啊。當地人與遊客、老闆與旅客、遊客與遊客……彷佛生活在兩個平行時空，偶爾產生交集，又很快分開得毫無瓜葛。

在青年旅舍只住了一晚。第二天，我找到一家當地人開的客棧，它藏在一條僻靜的巷子深處。走廊裡掛著大紅燈籠，頗為古樸喜慶，讓我想起了一部電影。我訂了頂層閣樓，推開窗戶看到鱗次櫛比的屋簷，天空灰藍，一群黑鳥飛過，穿過古老的城市，停棲在遠處的拱橋上。

喝一杯溫水，打開筆記本開始一天的寫作。停滯許久的小說，文檔裡沉默地躺著十六萬字，只完成了一半。故事的發生地就在麗江，構思時我還沒有來這裡，動筆時卻如江河一瀉千里。好像自己一直住在這兒，對這裡的一磚一瓦、一花一樹都很熟悉，從未離開。

夜晚有集市，當地人擺攤賣珠串、扇子和當地特產。雲南盛產寶石和玉石，祖母綠、藍寶石、金剛石、紫牙烏、水晶、黃玉、橄欖石、綠松石、孔雀石、獨山玉、岫玉、瑪瑙、珍珠……各式各樣，流光溢彩，如天上繁星。我買了串祖母綠和瑪瑙串成的手鏈，戴在手腕上，非常好看。

經過一家小酒吧，走進去要了一杯莫希托。麗江的酒吧和北京的酒吧沒什麼區別，像是週末去後海放鬆，感覺無比熟悉。酒吧裡只有老闆一個人，放著朱哲琴的歌。我出神地聽著，看著窗外的夜景。人人都說麗江好，但到底哪裡好，卻說不清楚。也許是人約黃昏後的浪漫，也許是午夜喝一杯的寂寥，或者，什麼都不是。只是在這裡，創作者有了創作的靈感，孤獨者有了想愛的衝動。

想起一句話：「我們都是帶著陰影上路的人，保留最初的那一份眷戀。」

是的，我們都是帶著陰影上路的人。

有人問我：「很多事情你都一直記得嗎？」

我說：「記得。」

他說：「那些給你帶來痛苦的人和事應該試著忘記。」

我說：「是，但正是因為太過痛苦，才會刻骨銘心。」

他說：「不，總有一天你會忘記……而你之所以記得，是因為你依然在乎。」

一覺醒來，開始我在麗江的第三天。有人說這裡是天堂，也有人說這兒就是一座普通而低俗的小城。我說不出它帶給我的感覺。當我來到這裡，清晨寫作，黃昏散步，夜晚逛集市，去酒吧聽首歌、喝一杯酒，覺得它再好再壞也不過如此，這就是它本來的樣子。

梵谷在給西奧的信裡寫道：「每個人的心裡都有一團火，路過的人只能看到煙，但是總有一個人，總有那麼一個人能看到這火，然後走過來陪我一起。我在人群中看到了他的火，我快步走過去，生怕慢一點它就會被淹沒在歲月的塵埃裡。我帶著我的熱情，我的冷漠，我的狂暴，我的溫和，以及對愛情毫無理由的相信，走得上氣不接下氣。我結結巴巴地對他說，你叫什麼名字。從你叫什麼名字開始，後來，有了一切。」

Seashore washed by suds and foam.
Been here so long got to calling it home.
「海水洗岸浪飛花。野荒佇久亦是家。」

我在文檔裡敲下這幾行字，遙看窗外暮色夕陽。天空高遠潔淨，小河蜿蜒流淌，青磚白牆，黑色的屋簷下掛著紅燈籠，隨風輕輕飄蕩。古老的石板路濕潤幽涼，穿著鮮豔服飾的納西族少女從橋上走過，年輕的小夥子在樓上招呼一聲，期待她回眸一笑。

如果你的眼前出現一個人，站在那裡，哪怕地老天荒，只為赴一場命中註定的相遇，旅行，是否有了生動圓滿的意義。但我知道，心中寂靜的旅途一生都無法走完。窗外有光，天色灰藍，遠行的腳步還在繼續。走過冬夜裡的冰湖，在天的邊際遊蕩，生來所有美滿，都不如那一刻，朝著你狂奔而去。

「我是街上的遊魂，而你是聞到我的人。」[6]

6｜出自伍佰的《我是街上的遊魂　而你是聞到我的人》（伍佰詩歌集1990-2002）。

我們的過去是一片麥田

睡前習慣聽歌，〈春夏秋冬〉是經常聽的一首，聽「哥哥」張國榮唱著「春天該很好，你若尚在場，春風仿佛愛情在蘊醞……」漸漸入睡。

春夢了無痕，夏愁落無聲，秋思解無言，冬事長無期。

在蘇州住了大半個月，每天閑來無事，走街串巷，逛園林，聽昆曲。看電影《遊園驚夢》時想起一句禪詩：「人生如霧亦如夢，緣生緣滅還自在。」人生如夢，塵世如流，時光裡的故事早已淡去，那些褪去色澤的舊影也早已湮滅。不變的是初春、仲夏、深秋、寒冬，一年四季輪迴更替，草木枯榮，靜默地訴說著一座城池的光陰。

蘇州給我的感覺是《人間四月天》，抑或《她從海上來》。像民國的春秋，山水映墨，紅葉染霜，小橋流水人家，是一座典型的江南古城。如唐朝詩人張繼筆下著名的《楓橋夜泊》所寫：「姑蘇城外寒山寺，夜半鐘聲到客船」。姑蘇城外景色秀美，古時文人爭相來訪，在寂靜無聲的秋夜裡聆聽寒山寺的鐘聲，泛起濃郁的思鄉情懷。

游蘇州如參禪，聽的不是雨聲，聞的也非暗香。

小時候看過一部電影叫《蘇州河》，當時懵懂地以為，「蘇州河」就是蘇州的一條河。後來才知道，它只是一個名字，與這座城市沒有多少關聯。還記得電影中的一段台詞：「我在這座城市裡生活了很多年，這條彎彎曲曲的河一直刻在城市的中央，人們管它叫蘇州河。時間像船一樣從河上緩緩駛過，祖輩父輩的目光和風吹雨打全都浸在這條河裡，一年一年，我看見很多高樓在河邊建了起來，富貴和昏黃在人們勤勞的臉上日益張燈結綵。有一天，人們抹去臉上汗水的時候，我發現這條河已經不再平靜。」

我們會因為一座城，愛上住在這座城裡的人。

我喜歡具有人文情懷的地方，小至一家書店，大至一座城市，常常一待就是很長時間。人越長大，越渴望返璞歸真，為的是跟自己年少的時候相區別。那時候喜歡遠大的、浮華的、浩瀚的東西，比如星空、太陽、大海，又比如高樓、萬花筒、摩天輪……卻忽略了午間走過的那條開滿野花的小路，夜晚跟在身後飛舞的螢火蟲，水裡的蜉蝣，樹上的蟬，紅豔豔的杜鵑，微涼的湖水。

塵世廣袤浩瀚，內心真實的歸宿只是一座安寧的城。住在裡面，「春有百花秋有月，夏有涼風冬有雪」。

李商隱詩云：「水仙欲上鯉魚去，一夜芙蓉紅淚多。」

胡蘭成言：「佛去了，唯有你在。你在即佛在。你若是芙蕖，在紅淚清露裡盛開。」

禪是靜的，情是柔的。很多人讀禪、悟禪，用一顆至柔的心去皈依，希圖得到禪的點化。其實人的力量由心而生，心即禪，禪亦在心中。人心不靜，就會受七情六欲煎熬困擾。心火不滅，心水難平。

春來，小橋流水，陌上人家；

夏臨，杏花煙雨，風輕雲淡；

秋去，人約黃昏，月上枝頭；

冬至，千山暮雪，大漠斜陽。

在楓橋，漫山遍野的紅葉，夕陽綴在山腰，幾片雲悠悠飄過。青松矗立，落花繽紛。都說春花秋月美，美的不是風景，而是看風景的心情。這種心情在一方微小寧靜的天地裡，悄悄生根發芽，長成一棵水中的花樹。

雨歇雲開，日落西山。花期已至，晚來寂靜。

我們的過去是一片麥田，人生的春夏秋冬裡，蒲公英和炊煙都在等你。

一生所求，愛與自由，你與溫柔

寫完一本書，就像要與一個舊友告別，這與看完一場電影、結束一段旅行是不一樣的體驗。當文字行進到尾聲的時候，內心出現一種感覺，仿佛一個走向大海的人，看到了彼岸的燈塔。

那座燈塔會一直亮著嗎？還是會在接近的那一瞬間熄滅？

我們的內心也需要一盞明燈，指引前方的路，也照亮身後的路。始終在走，沒有停歇，步速越來越快，渾然不覺得累。身體因為到達某種極限，失去痛感，仿佛一架堅硬的機械，忘我地投入工作，抑或為了某個目標。這是年輕人的躍進，也是成年人的喪失。

今夜讀《聖經》，翻到《詩篇》這一頁，上面寫道：「我在困苦中，你曾給我寬廣。」很多人，不管透不透徹，行囊中或枕席下總有一本《聖經》，似乎這樣便能安心。

持續一段時間的冥想，在宗教裡叫作禱告，是一種非常虔誠和沉靜的儀式。禱告不分時間和地域，晨起或者睡前均可。閉上眼，對著意念中的物件，發出內心的聲音，有時候是傾談，有時候是疑問。基督徒的禱告是懺悔，佛教徒的禱告是求願，而我只是在平靜地傾訴。這個過程，是自我修復的過程，亦是重新認識自己的過程。

有人說，這世上有兩種女人，一種是牡丹，一種是玫瑰。一種特別知道自己要什麼，勇往直前，不達目的決不甘休；一種特別知道自己在幹什麼，活在當下，溫暖曖昧，似是而非。前者可以得到世俗意義上的成功，而後者大隱隱於市，活得自在隨心。

我曾經渴望成為第一種人，知道自己要什麼，為了那個目標一直在奔跑。職位一次次晉升，完成一個個專案，在人堆裡摸爬滾打，只是因為年輕，因為覺得哪怕失敗了，從頭再來也不算遲。後來，看到第一種人越來越多，見證了他們的成功和失敗了再成功，感覺沒什麼意思。芸芸眾生，究竟有誰比過了誰，又有誰比誰好過。不知不覺間，我成了第二種人，做好當下的事，在給出問題時解答，在面對選擇時判斷，不冒進也不退縮，有秩序地提升和完善自己。

「如果人世終會變遷，只好造一處不變的刻印鑲入我對這世間的憧憬。」

這個秋天，北方的天空高遠潔淨，葉子黃了，廊簷下的銅鈴隨風作響，烏鴉站在綠色的琉璃瓦上，深沉地俯瞰人間。我帶著耄耋之年的外公外婆來到故宮，這座歷經幾百年風雨的滄桑皇城，沐浴在暖色的朝陽裡，散發著孤獨的光輝。人世喧囂，過往輝煌，這座肅穆恢宏的城池如同一個獨坐江山的老者，靜靜地守護著屬於它的歷史和榮耀。

小時候，我對外公說：「等我長大了一定帶你去北京，去看天安門和故宮。」這個承諾，在二十多年後終於實現了。看著外公滿頭的白髮和蒼老的面容，看著他面對古老宮殿時激動的神情，我的內心百感交集。如果可以更早些，五年、十年……甚至二十年，在他還能到處走走的年紀，帶他去更多更遠的地方，那該多好啊。

歲月永遠年輕，而我們慢慢老去。

開始懂得深情的依戀，找回逐漸丟失的親情，跳脫欲望層次，親近自然，感受在時間長河中的漫漫前行。這條河，終將帶我們去往我們該去的地方。故而，不必較勁也無須刻意，時間帶著我們向前走，最終要告別的是那些過往，帶著傷感的紀念和刻骨的思憶。

是你嗎？是你嗎？

你遇見的人，你錯過的人，你丟失的人，你擁抱的人，你熱愛的人，你憎恨的人，你感恩的人，你守候的人，你忘記的人，你傷害的人，你親吻的人……所以，讓我們來世再重來。

《新天堂樂園》中，白髮蒼蒼的男子坐在車裡打電話給曾經深愛的女孩。他說：「這些年來我一直獨身，而你依然這麼美。」他們在激烈的親吻後各自離去，四十年的守候只是一場虛空的幻覺。年華流逝，容顏不再，昔日的戀人出現在眼前，說：「你知道嗎，我一直深深地掛念你……」於是我明白，他用一生的時間，終於等到了這句溫暖的諾言，然後滿足地合上眼，歸於塵土。

一生所求，不過是愛與自由，你與溫柔。

國家圖書館出版品預行編目資料

所有的孤單，終會成為勇敢/夏風顏著 ; -- 初版. --
新北市 : 幸福文化出版 : 遠足文化發行, 2020.07
面； 公分

ISBN 978-986-5536-06-0 (平裝)

191.9 109008992

富能量 005

所有的孤單，終會成為勇敢

作　　者：夏風顏
責任編輯：賴秉薇
封面設計：謝佳穎
內文設計：謝佳穎
內文排版：菩薩蠻
印　　務：黃禮賢、李孟儒
出版總監：黃文慧
副 總 編：梁淑玲、林麗文
主　　編：蕭歆儀、黃佳燕、賴秉薇
行銷總監：祝子慧
行銷企劃：林彥伶、朱妍靜

社　　長：郭重興
發行人兼出版總監：曾大福
出　　版：幸福文化／遠足文化事業股份有限公司
地　　址：231新北市新店區民權路108-1號8樓
粉 絲 團：https://www.facebook.com/happinessbookrep/
電　　話：（02）2218-1417　傳真：（02）2218-8057

發　　行：遠足文化事業股份有限公司
地　　址：231新北市新店區民權路108-2號9樓
電　　話：（02）2218-1417　傳真：（02）2218-1142
電　　郵：service@bookrep.com.tw
郵撥帳號：19504465
客服電話：0800-221-029
網　　址：www.bookrep.com.tw

法律顧問：華洋法律事務所 蘇文生律師
印　　刷：凱林彩印股份有限公司　電話：（02）2974-5797
初版 1 刷：西元2020年7月
初版 3 刷：西元2020年9月
定　　價：320元

Printed in Taiwan